瓜沥故事

中共杭州市萧山区瓜沥镇委员会
杭州市萧山区瓜沥镇人民政府 编

浙江工商大学出版社 | 杭州
ZHEJIANG GONGSHANG UNIVERSITY PRESS

图书在版编目（CIP）数据

瓜沥故事 / 中共杭州市萧山区瓜沥镇委员会, 杭州市萧山区瓜沥镇人民政府编. —
杭州 : 浙江工商大学出版社, 2022.1
  ISBN 978-7-5178-4754-0

Ⅰ . ①瓜… Ⅱ . ①中… ②杭… Ⅲ . ①地方文化－萧山区 Ⅳ . ① G127.554

中国版本图书馆 CIP 数据核字 (2021) 第 251099 号

瓜沥故事
GUALI GUSHI

中共杭州市萧山区瓜沥镇委员会　杭州市萧山区瓜沥镇人民政府　编

责任编辑	张晶晶
特约编辑	李大军
责任校对	张春琴
封面设计	沈　婷
责任印制	包建辉
出版发行	浙江工商大学出版社
	（杭州市教工路 198 号　邮政编码 310012）
	（E-mail: zjgsupress@163.com）
	（网址：http://www.zjgsupress.com）
	电话：0571-88904980，88831806（传真）
排　版	佐佑品牌
印　刷	杭州丰源印刷有限公司
开　本	880 mm × 1230 mm　1/32
印　张	9.75
字　数	223 千
版印次	2022 年 1 月第 1 版　2022 年 1 月第 1 次印刷
书　号	ISBN 978-7-5178-4754-0
定　价	68.00 元

目　录

传说 · 世风

1

采撷 · 记录

吟诵 · 未来

传说·世风

白龙姑娘

吴桑梓

很久很久以前，杭州湾海阔无边，风平浪静。她的南岸有无数座山，其中航坞山原来是渔民的晒网山。生活在这里的船民、盐工和渔夫虽然生活清贫，但也安稳。

可是有一年，东海龙王忽然心血来潮，说要到海面上去看一看，游一游。于是，虾兵蟹将开路，乌龟丞相断后，龙王带着他的龙婆和龙子、龙孙上了海面，游了个畅快淋漓。

不料，这一游却使龙王的三公主野了心，她竟然产生了独自闯荡海面的念头。

这一年的八月，一个大潮汛的日子，三公主偷偷跟在潮将军的后面，顺潮来到了海面。此处正是杭州湾的南岸，三公主上了海面四处张望，不由得怒从心起：想那次，我随父亲龙王出游，人间如此美好，今天我三公主前来，却是如此萧条，甚至天昏地暗。这位三公主不知道潮汛到来前人们早已远而避之，而潮汛到来时定是天昏地暗的。三公主不顾这些，发了淫威。她转身一个飞跃，龙尾巴卷起了好几丈高的风浪。

百姓们远远看到这么大的风浪，一时间都吓得乱了阵脚，大家顾

此失彼，一副狼狈相，这让三公主觉得很开心，她高兴地大笑起来，于是，她更加发狂地翻滚。三公主的这种恶作剧，气坏了潮将军，他趁三公主忘乎所以之际，收回海潮，并顾自随潮一起回了东海。

就这样三公主被留在了人间。这时恰逢一位老者路过，见到三公主连忙向她行了大礼，说："怪不得今天有那么大的风浪，原来是三公主来了啊！"说完将三公主请上了晒网山（即现在的航坞山）。

大家见三公主浑身银白色，就叫她白龙姑娘。大家很喜欢白龙姑娘来这里，于是忙为她搭建房屋栖身，又弄来各种果子让她品尝。

白龙姑娘见大家不仅不责怪她，还对她如此关怀，决心留下来帮助他们恢复家园。

东海龙王知道了他任性的三姑娘有心为民造福将海水倒退了几十里，让百姓们不必完全以海水为生，使他们有田可耕。龙王又命令潮将军不得将海潮漫进良田和村庄。百姓们这下可好了，他们把这一切都归功于白龙姑娘。他们对白龙姑娘更好了，也更虔诚了。白龙姑娘也在百姓的虔诚供奉中过得很愉快。

　　可离家久了的白龙姑娘毕竟很想家，她让雨水带去思念，让风儿带去信息。龙王夫妻当然也想女儿。于是又一年的八月，龙王派潮将军前来接白龙姑娘。一听到自己可以回家，可以见到久别的父母和兄弟姐妹，白龙姑娘高兴极了，龙姑娘一高兴，一翻滚，大海又掀起了恶浪，潮将军止也止不住，只得快快地把她带走。

　　潮将军把白龙姑娘带到龙宫复命，在把白龙姑娘交给龙王的同时，也把白龙姑娘因为高兴又让百姓遭了灾的事告诉了龙王。龙王叹了一口气，让女儿住了一段时间后，自己悄悄地将她送回人间。

　　割不断的儿女情，斩不断的亲情线。就这样，白龙姑娘每隔一年要回一次家，每次回家总要或多或少地给百姓带来灾难。这样的事，龙王无奈，百姓更无奈，只有在晒网山上为她立了一座庙宇，多多地供奉香火，求她安心地住在人间，少给百姓带来灾难。所以航坞山上的庙也叫白龙庙。

有趣的"鳖子山"

陈亚兰

相传，王母住在昆仑仙岛的瑶池蟠桃园，当初张生就在仙岛管蟠桃园，闲时他喜欢折根竹竿当笛吹。

有一次王母娘娘寿宴，张生听说吃了蟠桃可以长生不老，就趁机偷吃了蟠桃，后被王母娘娘发现将他赶出了仙岛。出来时的张生随身只带了一根竹竿，一时不知哪里是他的落脚处。张生一路走一路吹笛，到了龛山，只见一片茫茫大海。饿了就在海边抓鱼摸虾充饥。天黑时张生颇感孤单，即吹起笛子。声音吹得凄凄惨惨戚戚很是令人动容。那段时间，正好龙王的小女儿明珠，不愿与鲤鱼精成亲，心中闷闷不乐，独自关在房间里，不吃不喝也不愿见父母。龙王担心这样下去会送了小女儿的命。

一天，龙王突然听到远处传来悠扬的笛声，知道小女儿喜爱音乐，便立即喊她出来。明珠很不情愿地开了一丝门缝，恰听到远处传来的正是让自己心情愉悦之音。她忽然打开房门跟父亲说，你既然知道我喜爱音乐，能否让我上岸去看一眼。今后即使跟鲤鱼精成亲，我亦心安。龙王摸着胡须，想到只要小女儿肯依父母之命，这一要求也得答应她。

龙王说，上岸有一个条件，只能在成婚前，笛声响起的一个时辰内，还要媚娘带上海门钥匙和夜明珠陪你去（媚娘是龙宫里的老管家），过了时辰，就没有下次了。明珠想了想同意了。

那阵子媚娘日夜守护在明珠身边，留意着笛声响起。三个月过去了，没有一丝笛声。如果半个月内再听不到笛声，成亲后就没机会见了。明珠心里闷闷不乐。媚娘连续三个月没睡觉，已疲惫不堪。

就在媚娘倒地睡个囫囵觉那晚，悠扬的笛声传来。明珠使劲地推媚娘，媚娘哪里还醒得过来？半个时辰将要过去，明珠心里非常焦急，她只好扒开媚娘的手，取了海门钥匙和夜明珠。"嗖！嗖！"一道金光闪过，明珠飘到了吹笛的张生身旁。明珠见张生坐在礁石上，笛声如泣如诉，好心疼。明珠听得如痴如醉。这时，忽地一阵黑风席卷而来，张生惊骇中回头看到了明珠，她娇美的脸颊上挂满晶莹的泪珠。张生情不自禁地拉住明珠说，你就是我的知音吗？明珠还来不及点头，千军万马之声中，卷来的海潮一浪高过一浪。

追赶捉拿明珠的事，已惊动了明珠的表哥"鳖精灵"，他在龙宫里一直为明珠抱不平。他竭尽全力划着四条腿赶来，一到就昂头把明珠和张生顶上水面。这时，气势汹汹的鲤鱼精派虾兵蟹将劈着大刀也赶到了，"鳖精灵"的腿被蟹将们砍断了，身体下沉时，他依然昂起头，让明珠和张生迅速逃跑。很快龙王也赶到了，还有什么用呢？他的龙珠已被女儿带走了。他只能惩罚"鳖精灵"，让他的头浮在水面，身子沉在水底。

这鳖头露在水面，一晃一晃的，人们以为是鳖蛋。原瓜沥属于绍兴，习惯于把蛋喊为子，鸡蛋叫鸡子，鸭蛋叫鸭子，鳖蛋叫鳖子，故而越人有了"鳖子山"的称呼。

不知从什么时候起，不见了"鳖子山"，但后人依然会说起"鳖子山"的有趣故事，甚至有的还会说起航民山上的航灯，就是明珠从龙宫里带来的夜明珠，照亮着夜晚航船的行驶。同时为了纪念张生，旧时瓜沥那边各家后院都栽有一片竹子。

赵匡胤除霸留迹

陈园媛

宋朝开国皇帝赵匡胤的传奇很多，其中有一则就与瓜沥有关。

在瓜沥镇小桥头外有座桥，叫销金桥，当年此桥桥身高大，曾是南北交通要道。南来北往的旅人、客商和两岸百姓都要经过此桥。

不知从什么时候起，这里出现了五虎霸。

五虎霸就是五个恶霸，其中当头的叫童达，他身边还有四人，被人合称"五虎"。五虎手下有百十来个打手，日夜轮流把守桥头。凡南来北往的商客经过此桥，必须交钱，违抗者，轻则遭打，重则重伤或死，民愤极大。但老百姓敢怒不敢言。

再说那年赵匡胤因拳打御院而出逃，一路从钱塘江北逃至江南，到了江南瓜沥地界来到销金桥边，他要过销金桥，此时看到桥边乱哄哄的，就站一边观看，只见桥的两边站着几个凶神恶煞的打手，一个抱着孩子的妇女跪在地上求情，她边哭边诉说，她娘病了，她要去对岸看娘，但确实拿不出钱来，要求过桥。只见边上两个打手，一下就把她推开，这时孩子"哇哇"大哭。那妇女打开包袱从里面取出几个鸡蛋，本来是要给娘送去的，现在想充当过桥钱，想不到那打手，接过鸡蛋就往地上一摔，恶狠狠地说："想用鸡蛋来糊弄我们，没门！"看着地上的碎鸡蛋，妇女抱着孩子坐在一边哭泣。在妇女边有一个瘦小的男人鼻青脸肿，也在哭泣，他的头还在流血。

赵匡胤就问周围的百姓这是怎么回事，当地百姓看赵匡胤身强体壮，脸露红光，两眼不怒而威，特别是他手里还拿着一根盘龙棍。那盘龙棍可不是一般的棍子，它在赵匡胤的手中闪着金光！百姓们知道遇见了一条好汉。于是纷纷上前诉说五虎霸的恶行。

赵匡胤听了怒火中烧，他提着盘龙棍要过桥，几个打手围了上来，赵匡胤将盘龙棍左右晃动，三下五除二把那几个打手打了个落花流水。百姓见了纷纷拍手叫好，一些百姓趁机过桥，赵匡胤扶起那个妇女和男子让他们赶快过桥。大家一边过桥一边向赵匡胤致谢，并叫着：大恩人，一定要除了五虎霸。否则他们卷土重来，老百姓会吃更多的苦头。

所以赵匡胤就没走，他站在桥头，等着五虎霸到来。那五虎得知消息赶来了，他们见到赵匡胤，并不把他放在眼里，难道一人能敌五虎吗？

谁知赵匡胤见到他们，犹如猛虎下山般扑去，一条盘龙棍舞得呼呼作响，那五虎本来就没有多大本事，只能在老百姓面前作威，如今遇上了真汉子，哪里还有还手之力。

赵匡胤先打翻了两个，再反手将一个扔进河里，没等另外两个回过神来，他用盘龙棍挑起一个压到了另一个身上，一脚踏了上去，将两个恶霸踩在脚下，两个恶霸连连告饶。这时两边的百姓齐声叫了起来："好汉！不能饶！"赵匡胤知道这五虎作恶太多，已经激起了民愤，他就对脚下的人问："谁是童达？"地上两人告诉他童达早被他打下

水去了。赵匡胤一听，一不做，二不休，也把那两人用盘龙棍挑入了河里，此时正值河水狂涨之时，几个旋涡，将那五虎卷得无影无踪了。

见五虎被灭，周围的百姓拍手叫好，有人上前问他："敢问好汉姓名，我们永远铭记你的大恩！"

赵匡胤立在桥上大声说："本人坐不改姓行不改名，赵匡胤是也！"

后来赵匡胤坐了龙庭，大家才知道那天来销金桥除霸的竟然是当今皇帝。于是这个传说就一直在民间流传。

坑香姑娘

吴仁早

那是很久很久以前，位于萧绍平原的坎山一带已经是个富饶的地方了。在这个富饶的地方有一个村子，村上有一户人家，那一年，他们生下了一个女儿，取名香香。香香虽然相貌平平，但长得机灵活泼，人见人爱。

可惜的是在香香七岁那年，娘亲生病亡故，不久爹就给她娶了个后妈。萧山人把后妈叫作晚娘，俗话说："六月里的日头，晚娘的拳头。"意思是说，晚娘的拳头像六月的日头那样毒。

香香的晚娘没有经常打骂她，却让小小年纪的香香学绣花、做鞋子。机灵的香香天资聪慧，学这些活儿很上手，到了十岁那年，不但绣出的花能引来蝴蝶，做出的鞋子更是男人穿了男人赞，女人穿了女人夸。尤其是她做的孩子鞋，刚学步的孩子穿了能稳步行，已经会走路的孩子穿了会飞奔。于是，不但自己村上的人上门求她做鞋子，就是四乡八邻的人也慕名而来，这下香香成了晚娘的摇钱树。成了摇钱树的香香可苦极了，她每日里绣花绣到眼花，做鞋做到头发昏，可晚娘却像个鬼精灵，只要香香一打瞌睡，晚娘就会用针扎她的手臂，可怜的香香两只手臂被扎成了马蜂窝，每天还得捏针穿线干活儿。而且晚娘不准她与外人交往，有人上门时，晚娘对她说话柔柔的，看上去对香香是百般怜爱。所以谁也不知道香香受的苦，只知道香香姑娘每天被关在家中做针线。艰难的岁月也能熬过去，很快香香熬到了十六岁。

那时候十六岁的姑娘算是成年人了，也允许有人上门提亲。香香因为有一双巧手，上门提亲的人踏断了门槛，可晚娘怎肯把这棵摇钱树嫁出去呀！她咬着牙拒绝了一个个上门的提亲人。这样，人们渐渐知道了香香在晚娘手下受的苦。

本地有过乞巧节的传统，每年七月初七，据说是织女下凡给民间姑娘传授技艺的日子，所以这一天村上要举行祭星仪式，而这个祭星仪式要推荐村上手艺最巧的人主持。那一年十六岁的香香成了祭星仪式的主持人。

有村上长辈的推荐，晚娘不敢不答应。听说香香姑娘要出来了，姑娘媳妇们特别高兴。让她们高兴的不但是香香总算可以出来走一走，玩一玩了，而且她们还可以当面向香香讨教绣花和做鞋的技艺。因为在平时，晚娘是不让她们走近香香的。比姑娘们还要高兴的是那些小伙子，他们只知道香香的手巧，还没有见过香香是怎样一个人呢！

乞巧节很快就到了，香香姑娘出了门，她对外面世界一无所知，所以当晚娘说要陪在她的身边时，香香不敢不答应。出来后的香香看到那么多姑娘小伙子拥向她，她既高兴又害羞。她被请到了村中祭星的祭台边，两边放满了姑娘和小媳妇们做的绣品、鞋子，大家要让香香来评一评高低。评价高的就可以成为村上的巧姑娘和巧媳妇。

大家在拥簇着香香的同时把晚娘给挤开了。香香站在众人中间，首先亮出了自己的作品。她提着的是一串鞋子，从男人穿的大鞋开始，

　　一点点地小下去，最后是一双只有拇指大的小巧玲珑鞋。那些大的鞋子上绣有代表福寿吉祥的荷花、石榴、寿桃等，那些孩子穿的小鞋上绣着老虎、小鹿、玉兔等动物，还有蝴蝶、蜜蜂、燕子。真是让人眼花缭乱，称赞声不绝于耳。

　　就在大家高兴的时候，有一个人不高兴了，她就是晚娘。晚娘看着香香被众星捧月般地围着，一股妒忌涌上心头，更让她生气的是，香香竟然瞒着她做了那么多、那么好的鞋子，在今天这个场面上出尽了风头，她真想立刻把香香拖回家去。可是她不敢，只能忍着气站在一边。

　　祭星的时辰是在晚上星星出来以后，香香在村上长辈们的指导下对着月亮和星星摆放祭品，点烛焚香。然后，香香手中的香被姑娘和小媳妇们互相传递着，这也是向香香讨巧啊……

　　等到一切祭祀程序结束，大家还不肯散去。姑娘们纷纷把从家里带来的水果和点心塞到香香的手中，大家齐声要求香香以后多多出来和大家一起交流，让大家的手艺也能像她那样精湛。姑娘们热情的话让香香泪流满面，可她不敢多说，只等着自己可以出嫁的那一天。

　　远远地站着的还有那些仰慕香香的小伙子，他们不但被香香的巧手征服了，更是看到羸弱的香香需要呵护，胸中均升起爱怜之心。这一切都被晚娘看在眼里，她知道从此以后，这个香香她是留不住了，与其把这棵摇钱树让出去，不如把她毁了。因为她看不得香香开心和幸福。于是，一股恶气涌上了晚娘的心头。

　　时间不早了，大家都要回去了，香香也恋恋不舍地告别了姐妹们，在晚娘的陪同下回家了。

　　就在大家回家后准备休息的时候，忽然传来晚娘的尖叫声，大家纷纷举着灯笼出来了。只见晚娘站在一只露天的清水茅坑前哭叫着："不好了，香香掉下去了！"几位小伙子慌忙下去捞，可捞上来的香香已经没气了。

　　人们虽然怀疑香香是遭了晚娘的毒手，可是失足掉下去也是有可能的。此事只能不了了之，但香香的手艺和为人却让人不能忘记。于是乡亲们在清水茅坑的周围搭起了草棚为香香姑娘守灵，香香的那串鞋子成了最好的祭品。

　　从此每到乞巧节，村上的姑娘小媳妇们会学着香香做一串鞋子，绣一些绣品，并将它们挂在茅坑的草棚周围，一是祭祀香香，二是希望香香能带给她们灵气。说来也怪，只要在乞巧节挂过绣品和鞋子的人，手艺就会有长进。最重要的是，那些四乡八邻的小伙子会在乞巧节这一天到村里来看姑娘们的手艺作品，而那些手巧的姑娘就是他们追求的目标。慢慢地，这个习俗传遍整个萧绍平原。

　　后来乞巧节纪念香香和向香香乞巧成为一种乞巧习俗，也成了相亲的习俗。因为这种纪念活动是在茅坑边的，所以把香香叫成了坑香姑娘。

马蹄井

吴仁早

明朝嘉靖末年，倭寇猖獗，不断骚扰我国沿海地区，劫掠百姓，世宗皇帝任命戚继光为总兵前往浙江剿寇。

戚继光带着戚家军来到钱塘江南岸，他亲自到白虎山上察看地形，决定在白虎山和青龙山之间筑造城墙，架设大炮，居高临下封锁江面，并把此城名为戍城。

当地百姓知道戚家军要修戍城抗倭寇，纷纷前来帮忙，军民团结心一致，戍城建成了，大炮架起来了，瞭望台也搭好了。但戚总兵却皱起了眉头，为啥？因为山上缺淡水。现在要用水，得靠乡亲们挑上山来，这可不是长久之计。以后要守城打仗，怎能没有水呢？戚总兵急得吃不下饭睡不好觉。

这是一个月色朦胧的夜晚，戚总兵为了水的事，又久久不能入睡，他索性起来走出帐篷，牵出他的乌龙驹，打算来个骑马踏勘，他不相信，这么一座郁郁葱葱的山会没有泉眼。

戚总兵信马由缰地在山上走着，忽地看到月光下有两个人影，他特有的敏感和沙场练就的目光，马上判定这是两个百姓。他轻轻地下

了马，放掉缰绳，任马儿自由地走，他则走近一看，果然是白天前来送水的祖孙俩，爷爷年事已高，孙子是个小伙子。只见那爷爷手里拿着一棍子，东戳戳西戳戳，好像在找什么，见到总兵大人，他们一点也不慌张。爷爷说："总兵大人也是为水的事而睡不着觉吗？"戚总兵被感动了："你们深更半夜在为我们找水吗？"爷爷说："只有在夜深人静时，才能听出泉水的声音，所以我让孙儿陪着来山上听泉，可是已经是第三个晚上了还一无所获。唉！"孙子对着江面，凄楚地说："钱江神啊！戚总兵为了消灭倭寇，为百姓除害，为保国家平安，你怎么能一眼泉水也不肯赐予呢？"爷孙俩的这一片真情感动了戚总兵，他说："小伙子别着急，我们是正义之战，不但钱江神会保佑我们，连上苍也会保佑我们的，说不定泉水就在我们脚下。"

戚总兵的话音刚落，远处的乌龙驹发出一声长啸！他们赶忙跑过去一看，是乌龙驹的前蹄嵌进了一块岩石缝里，好像是因为拔不出来而在长啸。小伙子赶紧上前想帮乌龙驹把蹄子拔出来。想不到那马一跃而起，在岩石上留下了一个深深的马蹄印，一股清泉从马蹄印中喷出！小伙子发出爽朗的笑声，爷爷与戚总兵也大笑起来，戚总兵张开双手，高兴地说："龙驹踏出马蹄井，天助我也！"

说来也怪，这马蹄井虽小，但井中之水却舀不尽，喝不完。这口神来之井，大大地鼓舞了士气，也让百姓们充满了希望。

后来戚家军就是饮着马蹄井水，守卫在戍城，多次打退来犯的倭寇，让倭寇望而生畏，不敢再来侵扰。

戚继光含泪斩将

吴桑梓

瓜沥镇有个明朗村，那里有个叫点将台的地名，虽然点将台早已没了，但关于点将台的故事还在民间流传，据说这个点将台是明朝时期的抗倭英雄戚继光留下的。

戚继光手下有位将军姓徐，一路跟随戚总兵转战，曾立下汗马功劳，这次来浙江抗倭，戚总兵也带着他。戚继光让他驻扎在同样是战略要地的明朗村边的钱塘江江湾，并在那里建起了一个点将台，让他在那里操练兵马。

那倭寇也知道了戚总兵在钱塘江边驻扎，所以不敢明目张胆地前来骚扰，但小股倭寇还会偷偷地前来。戚总兵早有安排，他在戍城建造了一个瞭望楼，一天二十四小时监视江面，若发现可疑的船只马上吹响号角报警。

那时候倭寇也是会弄情报的，他们知道了明朗村点将台的守将爱喝酒，于是就弄来了几坛好酒扮作当地村民模样，把酒送到徐将军的军营，说是将军剿寇辛苦，送上薄酒聊表心意。这个徐将军确实爱酒，听说是酒就毫不客气地收下了，因为当时百姓犒劳军人的事经常发生。

照例这几坛酒应该先送到戚总兵的大本营才对，但徐将军一闻到酒香，就有点把持不住自己，先开坛饮了几口，这几口下肚越发不可收拾，他索性放开肚皮畅饮起来，那个痛快呀，真是赛过神仙！这顿畅饮换来的是大醉昏沉，他死死地睡了过去。

徐将军昏睡的消息马上让倭寇知道了，而且那天正是个暗星黑夜，他们就趁机派遣了一批人马打算在明朗村江湾登陆。

因为天黑，倭寇用的又是小船，戚总兵的总部瞭望台一下子看不清楚，但徐将军的部下警惕性很高，他们一直没有放松对江面的监视。此时有兵士发现江面上有可疑之船，就点起了火把并吹响了号角报警，将军身边的卫士马上去叫将军，可一连多声叫唤，将军就是不醒。怎么办？没有将军的命令，兵士们不能调动，而那些可疑之船却越来越近，并且可以看清来者真是倭寇敌军，没有办法的兵士只得开炮示警，也想让炮声震醒将军。可是将军还是没有醒来，而来犯之倭寇却近在眼前，兵士们只得自发行动，一个个手持武器紧守江湾。

也幸亏明朗村与戍城不远，更何况夜深人静，戚总兵听到了号角声和炮声，马上点起兵将，一边飞马奔向点将台，一边派出快船直驶明朗村江湾。

倭寇以为醉翻了主将，兵士们会乱了阵脚，想不到戚家军训练有素，没有主将也能自觉防守和吹号放炮示警，又见到戍城火把通明，倭寇先乱了阵脚。只听得杀声四起，倭寇想掉转船头逃都来不及了。偷袭的倭寇，来不及登上江滩，掉进了钱塘江喂了鱼。

仗打完了，那个徐将军还在呼呼大睡，戚总兵进了将军帐里一把将他拎起，他才睁开醉眼不知所以。

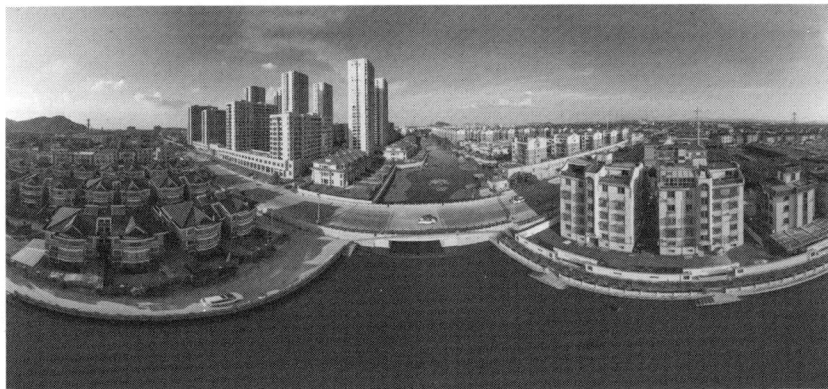

　　一位镇守江湾重地的将军，竟然会醉得如此，要不是戚家军治军有方，这一次若让倭寇偷渡成功，后果不堪设想，戚总兵命手下将其绑了，并马上升帐审判。

　　那徐将军自知理亏，不敢再为自己辩护，而有军士报告，那敌寇可能在酒里下了药，不然将军不会睡得那么死，这次虽然敌军来犯，但也算是个胜仗，请求看在将军曾经有功的分上免他一死！

　　戚总兵治军向来很严，这次虽然面对爱将，但他的罪不能饶恕。特别是这里位于浙江主要关口，实在马虎不得。

　　在临离开京城前，皇帝给予戚继光很大的权限，赐予他尚方宝剑，可以先斩后奏。

　　为了整顿军纪，在点将台下，戚继光总兵含泪下令斩了徐将军，并通告，从此军中禁酒！

　　戚总兵含泪斩了徐将军，让戚家军上下敬畏，从此戚家军更是威名远扬，让敌寇闻风丧胆。

党山镇海寺

蔡月校

　　瓜沥有座党山，高耸挺拔。山下住着一个姓陈的老太，种棉种麻，空闲时间挑花边，和子孙们一起过着快乐的日子。

　　突然有一天，家里人生起病来，浑身发热，身上生起脓包，上吐下泻。陈老太忙出门请郎中，谁知一路上，看到很多村民都生了这种怪病。陈老太到了郎中家里，郎中摇头说："我做了四十年郎中从未碰到过这种怪病，自己家中也病了好几个，医不好，想是瘟神下凡到党山来了，快快逃命去吧。"这时又有好几个人来求郎中治病，听了郎中的话，转身就走，叫家里人四处投亲靠友躲避瘟病去了。谁知这样一来，瘟病传染扩散了，生病的人越来越多，每天都要死好多人。

　　再说陈老太回到家里，也想让儿子、孙子到亲戚家去躲病，但唯恐传染祸害别人，就打消了这个念头。她自己也浑身无力，发起了烧，看着家里生病的儿孙，她无力地坐在墙门口哭。就在这时，她忽然看到一个穿白衣服的小姑娘在党山山脚下向她招手，她勉强站起身来朝小姑娘走去。小姑娘转身上了山，她一步步地跟了上去，一直爬到山顶。小姑娘指指一片绿油油的野草，拔了一棵放在嘴里嚼着，忽然不见了。

陈老太不去管她，也去拔了一棵草放进嘴里嚼了起来，只觉得又苦又涩，草汁顺喉而下又觉得十分清凉，身上也有了力气，用手摸摸额角，不发烧了，身上的几个小脓包也不见了。她赶紧用手拔了一大把，急急忙忙走下山回到家里，把草塞进病人口中，并叫他们使劲嚼。说也奇怪，不上半天，家里的病人都好了。陈老太带了家里人，爬上党山，拔了好几篮草，挨家挨户地送上门去治病，有几个病人已牙关紧闭，陈老太就叫人用水煎煮草药，把药水灌下去，这些人的病都好了。消息传开，四乡八里的人都拥到党山上，山顶的药草拔完了，又到半山腰搜寻，连草带土的把高耸挺拔的党山弄成了低矮的小丘陵。

这天晚上，陈老太在睡梦中又见到了那个白衣小姑娘。小姑娘对她说这次瘟疫是东海里的妖龙潜入钱塘江，夜深人静时飞上天空流下毒涎所致，现已被她收去锁在海底，为免其他毒物再来侵害人间，需建一座镇海禅寺，可保一方平安，说毕化作一个手拿净瓶柳枝的美女腾空而去。

陈老太梦醒，明白是观音下凡，她就把梦中之事告诉村里人。村里主事的几个族长就出面筹钱，建成了党山镇海寺，大殿中供奉了观音菩萨。

石头庙

陈园媛

　　早先瓜沥塘边有座石头庙，这个庙早已没有了，但关于这个庙的传说却还在民间流传。

　　不知道是什么时候，那时瓜沥塘边还只有零零星星几户人家。塘的外边就是钱塘江，这些人家靠江吃江，他们靠从江里捞鱼捕虾生活，所以这里的人水性都特别好。

　　要说想捕到大鱼就是去冲潮，每当潮水翻滚着汹涌而来之时，江里的大鱼就会被冲昏头脑，一条条胡乱挣扎，这时只要冲进浪潮，就能捕到大鱼，当地人叫捕潮头鱼，就这样让此处的百姓练就了一身好水性。

　　却说好水性的人群里有一个叫阿潮的中年人，他就是凭着自己的水性，经常冲潮捕到大鱼。

　　那时候瓜沥塘头边上已经有了小的市场，阿潮捕到了大鱼就可以到市场上换取日常用品和食物，于是在这里阿潮成了个能人，他娶妻生子生活安定，在他居住的草舍里经常飘出鱼香。

　　阿潮不但水性好，人也善良。他有一位邻居是个孤老太，早年老

太也有儿子，可是儿子在一次捕潮头鱼时被潮水冲走再也没有回来。老太就成了孤老太，她只能在退潮时在江滩上捡些小鱼小虾和贝类苦度岁月。阿潮有些看不下去了，他把老太接进了家中，当老娘养了起来，这下把老人感动得不知如何是好。她每天对着钱塘江念经念佛，只要阿潮一出门去捕鱼，她就会到江边念佛请佛祖保佑他平安归来。

这一年因为连日阴雨钱塘风浪特别大，也是捕潮头鱼的好时机。阿潮准备妥当要出门，老太心里直打鼓，想劝阻，但一家人都张着口要阿潮喂呀！她只能忍住，看着阿潮出门。

阿潮在浪中生长，并不怕浪高潮大，他只想捕到大鱼换钱，养活一家老小。

但这一次，浪潮好像专门与他作对，他明明看到一条大鱼已经昏头了，冲上去想用网兜罩住大鱼，但那鱼竟然一个翻身把他的网兜给掀翻了，阿潮心想不妙，赶紧往岸边游，但也不知怎么了，他竟然找不到方向了，也像鱼那样昏了头，就在此时，一块石头浮到了他的身边，让他一下子清醒了，他抱着石头，在浪潮中找到了方向，上了江岸。

这一天，他没有捕到鱼，而是抱着那块石头回了家。他把事情经过一说，家里人都为他感到庆幸，特别是那位老太，口里念着"阿弥陀佛"，又说"佛祖保佑好人哪"！

风雨停歇后，乡亲们都知道这一次阿潮抱回一块石头，都来看稀奇，世上怎么会有在水面上浮的石头呢？一定是阿潮为人善良，得到了菩萨的护佑。有人还不相信，又把石头扔进水里，那石头果然是浮的，这下大家都信服了。老太说："你们帮我建一个小草舍，让我把这个石头菩萨供起来，我让他天天保佑大家出江入潮平安！"

她的话很快得到了响应，大家出钱的出钱，出力的出力，一间小小草舍建好了，老太住进了草舍，每天念佛供奉这个救了阿潮的石头菩萨，乡亲们也经常前来拜谒。因为里面供奉的是一块石头，所以叫石头庙。

当时这块地方还没有供奉神灵的地方，这座草舍石头庙就成了方圆几里的庙，一时香火旺了起来，而且传得有点儿神。不久瓜沥地区形成了商业圈，有一位商家出面将草舍石头庙改建成了一座砖瓦小庙。

再后来，因为修一条公路要经过此庙址，庙被拆除了，但这个关于石头庙的传说还一直流传着。

万年台与万人石

吴桑梓

老早的时候，瓜沥塘脚边有一座镇海殿，镇海殿背靠江塘，面临一条河，规模有点大，特别是临河建起的一个戏台，规模也很大，被叫作万年台。

那时节，萧绍一带时兴演社戏，瓜沥也是，每年逢时逢节万年台都会有戏，特别是庙会期间更是会演几天几夜的戏。因为当年瓜沥已经是个繁华的商业集镇，看戏的人会从四面八方赶来，所以各地的戏班都以能到万年台演戏为荣。

看戏的人大都会挤进镇海殿里去看，因为镇海殿是正面对着戏台的，可以看清演员进场和退场，镇海殿虽大，但也容纳不了庙会时的成千上万人啊！

于是为了安全，镇海殿的和尚只好出来当保安，每次演戏和尚们如临大敌。

这一年庙会又近了，戏班子也早已来接洽演戏事宜，和尚们又得摩拳擦掌应付观众了，生怕一有差错弄出人命大案。这一天来了一位鹤发童颜的老者，他在面对戏台的镇海殿里来回走着，和尚们被他弄得不知

所以，于是去叫来方丈。

方丈是有道行的人，他在边上看着老人走圈，看着看着心里就有数了，他让所有的和尚一起念经，念的是太平经，当然也焚起了一炉香，一时间镇海殿内经声琅琅，香烟缭绕。大约过了一个时辰，那老者用脚在殿中心的一块石板上连蹬三脚，大声说："殿内万年石，面对万年台，千人万人容得下！"说完化成一缕青烟往殿外飞去。见此情景，方丈连忙跪下对天叩拜，众和尚也齐刷刷跪下，对天叩拜！

当地有风俗，每次社戏开演都要在戏台前摆放香案，要请各方神祇前来看戏，因为神祇们也是喜欢看戏的，而且百姓要他们保佑岁岁平安，所以戏台前最好的位置是要空出来一点的，在此处设香案备供品，让各路神祇来看戏。百姓们也都守规矩，就是人再多，台前香案前的空当也是没人敢去的。

这次来的是何方神圣呢？方丈不敢确定，虽然镇海殿内供的主要是东海龙王菩萨，但也有观音和其他菩萨，甚至还有地方水神。方丈对众和尚说："不管今天来的是哪位菩萨的化身，他都是为了我们镇海殿的安全，为了神祇和百姓能够安全看戏。他说有万年石，就是殿中间那一块，大家也不必说破，今年的庙会一定仍然很热闹，我看我们不用再维持秩序了，只管准备几口大锅烧水，供应给看戏的客人，给神祇们的供品也增加一倍。"说完就让大家各自准备去了。

这一年因为天气好，所以来赶庙会和看戏的人特别多，人们照常往镇海殿中跑，都想面对戏台看好戏，往常人一多和尚们就会拉起人墙不让太多的人进入，今年很奇怪，和尚不设人墙而在大殿前放了茶缸茶桌和粗瓷大碗，为大家供应茶水，这在以前是没有过的。说来也奇怪，这次不管多少人拥进殿里，只有人挤人，因为看戏是一件开心的事，所以虽然人挤人，大家也不吵闹，互相体谅。就这样一连演戏三天，一切安然无恙。

庙会结束，戏演完后，方丈领着一群和尚念经一天一夜感谢神灵保佑。

从此镇海殿的万年台再演戏，和尚们都不用管束观众，而改为烧茶水供应观众。

镇海殿中有万年石的事也传开了，但从来都没有人能猜出哪块是万年石。

现在镇海殿已经不存在了，但关于万年台和万年石的事一直在民间流传着。

萝卜干麦糊烧的传说

金阿根

　　坎山有张神殿和张老相公庙，旧时香火极旺。奇怪的是坎山有个叫"张神殿村"的村子，更让人奇怪的是有一种点心称作"萝卜干麦糊烧"，在萧山东片成为美食。每当钱塘江大潮季节，家家户户便吃这种饼子，还成群结队去张老相公庙供奉这种饼子，尤其是坎山的张神殿村及靖江、南阳、河庄、党湾一带。这是为什么呢？这里流传着一个美好的传说。

　　历史上钱塘江大潮来时，两岸就要坍塌。对面的海宁，杭州江干，萧山的头蓬、新湾一带，一夜间几个村子淹没江中，人畜死亡无数，江水一直漫延到坎山、瓜沥等地，严重威胁萧山东片百姓生命财产安全。北宋时朝廷得到奏本，便命官员张夏从安徽泗州赶来浙江治理水灾。

　　张夏是萧山长山乡人，宋仁宗景祐年间（1034—1038），因治水需要，朝廷授予他工部郎中官职，任两浙转运使，为钱塘江治水指挥官。接到朝廷圣旨，他便带着一干官兵和当地征集的民夫，从泗州赶来，亲自率领官兵和群众，在滩涂江水中撒下砻糠，砌石打桩，用绍兴运来的条石砌堤。不管烈日炎炎还是风雨交加，坚持日夜奋战。初时因

后勤工作跟不上，施工人员不能按时吃饭，又累又饿。当地百姓看在眼里，痛在心里，主动供应食物。但那时钱塘江边沙地大多为咸碱地，不产大米，只能种麦子和番薯、萝卜。正值收割麦子的日子，百姓便把麦子打下晒干脱壳后磨粉，把自家腌制好的萝卜干切碎和在面粉里，在锅里浇上菜油撒上葱花摊成萝卜干麦糊烧，送给张夏和随从及民夫充饥。饿得肚子两片皮贴牢的治水大军，看到黄焦焦油汪汪的面饼，刚刚咬到嘴巴里，一股香气冲到鼻子里，这美味点心可是第一次吃到。大家边吃边叫好，于是送这个点心的人多了起来，保证了治水筑堤人不再饿肚子，北海塘如期筑成，结束了当地百姓年年往西往南的"草荡"逃难的历史，日渐趋向安居乐业。

张夏因劳累过度而以身殉职的噩耗传来，东沙南沙的百姓如闻惊雷。为纪念这位一生治江为民造福的好官张夏，十里八乡的百姓集资捐款为他塑造金身，建立庙宇，封他为"张老相公"菩萨。在坎山、长山、衙前、诸暨等地相继建成张老相公庙，清康熙二十二年（1683）甚至在北京迎新街南段，萧山绅士也建造了张老相公庙。坎山有个村子被命名为"张神殿"村，"文化大革命"中虽改为"建新村"，但结束后又恢复原名，而河庄的"向公村"也是为纪念张老相公而取此名的。

每逢大潮汛或雨季，当地百姓都会到庙里烧香念佛拜张相公菩萨，并供奉萝卜干麦糊烧，以求保佑平安。每年农历三月初六是张夏生日，当地举办为期三天的纪念活动。散场后，大家纷纷吃起这萝卜干麦糊烧。据说吃过这个供品后，凡出江捕鱼，出门做生意，种桑养蚕，必定一帆风顺，收获满满。明朝戚继光抗倭，他驻扎在青龙山、白虎山，参将汤克宽镇守坎山，屡屡大败倭寇，杀死倭贼无数，民间便说是"张相公"显灵发威。

后来，这"萝卜干麦糊烧"成了沙地人的美味点心，而且很快扩展开来，成为家家户户招待客人的最佳选择。久而久之，还成了萧山的一个传统名点。

徐文长题怪联

陈园媛

徐文长是个大才子，当年他满腹经纶却没有被朝廷重用，流落民间后留下了许多佳话，其中就有一个留在了瓜沥镇。

在航坞山东麓的东恩村有一座庙，庙名叫陛下庙。陛下就是皇帝呀，怎么会成为庙名呢？

据说这庙与南宋小康王有关。当年小康王南逃，一路留下了许多传说，流传最广的要数泥马渡康王。说的是那天小康王逃到一条江边，后面追兵紧跟，正好江边有座土地庙，小康王祈求土地菩萨帮忙，这时土地菩萨旁边的泥马，一声长啸变成了真马。小康王骑上马，马儿驮着小康王游过了江，康王得救了，追兵追到时，土地庙里泥马还是湿淋淋的呢。

后来小康王在杭州坐了龙庭想起泥马救他之事，就宣告：江南土地尽封王。所以我们江南的土地菩萨都是头戴皇冠，土地婆婆也是头戴凤冠。就这样我们浙江一带有了很多泥马渡康王之地，当然那些土地庙都在江边和河边，庙名都叫泥马庙或土地庙，庙内的土地菩萨都是皇帝打扮并称什么什么王，但只有瓜沥这座同样是因为泥马渡过小

康王而得名的庙被称为陛下庙。

这座庙原本香火平平，但后来却名声大振，一时间香客如云，为什么呢？因为有了一副徐文长撰写的楹联。

徐文长喜欢到处游走，这一天他来到了钱塘江边，时间已到正午，他感到饥肠辘辘，但他身上所带的钱用光了。这个徐文长不但文章写得好，书法也好，还有画也好，所以他不愁没钱花，走到哪儿大笔一挥就会有现钱，特别是他的名气在萧绍平原很是响亮，想得到他墨宝的人数也数不清，所以徐文长出门优哉游哉，从不愁钱。

徐文长抬头仔细观看，看哪儿可以吃到饭，这一看，看到了陛下庙，而且庙内香烟缭绕，木鱼声声，于是他抬脚进了庙，见到一个住持样的和尚正盘腿坐在菩萨面前的草蒲团上，手执木鱼，口中念念有词，他就高声说："我徐文长走来走去看到过很多庙，还是第一次见到陛下庙，今天真是长了见识了。"

住持虽然口中在念经，但却是眼观六路耳听八方，徐文长一进庙门，他就感到这不是一位平常之人，听了徐文长的话后赶紧站了起来，双手合十，说："原来施主竟是江南有名的徐大才子，失敬失敬！"徐文长也连忙还礼说："在下路过此地，想打扰师父，弄点斋饭充饥，不知可否？"

那住持和尚也不是等闲之辈，今日名士徐文长自己送上门来，当然不肯放过这样的好机会，于是就说："徐大才子要在小庙用斋饭，是小庙的荣幸！不过……"一听和尚迟疑的话音，徐文长就明白了和尚想索取他的墨宝，就说："师父有什么吩咐尽管道来。"

住持和尚马上叫小和尚捧来文房四宝，在佛桌上展开，说："徐大才子，今天劳您大驾光临，敝寺蓬荜生辉，不胜荣幸，我们小庙的大门上还缺一副楹联，请你大笔一挥留下墨宝！"

徐文长拿起笔，在左边的纸上写下一个"行"字，在右边的纸上写一个"盛"字，说："师父这对子可好？"

住持和尚一看眉头皱了起来，这哪是楹联啊？徐文长笑着在下面各加了几个字后说："师父，你这小庙是不是不够热闹啊？"住持和尚点了点头，徐文长就说："我这是让你的小庙热闹起来，你看这'行'字有两个读音，这'盛'字也有两个读音，你读读看。"

住持和尚一听一读，这是"银行银行银银行，盛长盛长盛盛长"，一派热闹气氛，就咧开嘴笑了，接着住持和尚为徐文长安排了丰盛的斋饭。

后来徐文长为陛下庙题怪联的事传了开去，大家纷纷前来观看，小小的陛下庙真的香客如云，热闹了起来。

如今陛下庙还在，传说也还在流传，你要不相信就跑去看一看。

小茶姑勇斗沈老虎

傅华生

　　很久以前，航坞山附近一个村庄的私塾里，有一位姓杨的教书先生。杨先生少年时，曾拜师学习太极拳，几十年下来，练就了一身好功夫。空余的时候，杨先生就免费教村里的人学练太极拳，一时间，许多年轻人都纷纷跟着杨先生练习。几年下来，大家都学得像模像样的，在航坞山周边的村庄里，已经小有名气。杨先生不但教太极拳，也教姑娘、大嫂们学练女子防身拳，以防不测。如面对人高马大的歹徒，该如何如何对付；孤身一人面对两个以上的歹徒，该如何如何对付；歹徒从身后突然袭击，该如何如何对付；等等。学武的人群中，有一个叫茶姑的美丽姑娘，她聪明能干，是采茶制茶的好手，还有一副疾恶如仇的侠骨心肠，被乡亲们亲切地称为"小茶姑"。茶姑跟杨先生学拳，学得最认真、练得最刻苦，因此拳脚功夫十分了得，一般的男子，都败在她的手下。不少青年男子都很爱慕她。而茶姑最钟情的，是同村一起练武的一个叫阿牛的年轻人。

　　村子后面，在向阳一面平缓的山坡上，有一片五十多亩的茶园。茶园的上方，有两块高高耸立的巨岩，茶园像梯田一样，层层叠叠，十分壮观，是穷苦百姓赖以生存的一块宝地。茶园的下方，有一汪清泉，泉水清凉甘甜，四季不竭。茶姑家一亩多茶园，正好坐落在整片茶园的中间，在茶姑一家人的精心培植下，茶树长得十分茂盛，在整片茶园中独树一帜。

村子的西边，住着一个叫沈守财的土财主，仗着儿子沈富贵在萧山县衙里做一个掌管钱粮的小吏，在村里趾高气扬，作威作福，人们在背后都叫他沈老虎。这一天，沈老虎心血来潮，想觅一块风水宝地，为夫妻俩建造坟墓，以备死后安葬之用。于是，他从萧山县城里请来一个风水先生前来察看地形，选择墓址。这个风水先生东走走，西转转，一眼相中了茶姑家的茶园。他对沈老虎说："这块地方，处于开阔坡地的正中央，前对旷野，后靠大山，整片坡地上方的两块巨岩，宛如两只龙角，茶园下方的一汪清泉，恰似从龙嘴里流出来的龙涎水，实为一块难得的风水宝地。若在此处建造坟墓，保你沈家子孙官运亨通，世代荣耀。"一番话说得沈老虎心花怒放，当即拍板，选定此地，建造一座气派而又豪华的大坟墓。

当天傍晚，沈老虎拿着五两银子，大摇大摆地来到茶姑家中，刚一进门，就摆出一副盛气凌人的架势，声称要买下茶姑家的茶园建造坟墓。茶姑爹本是个老实巴交的农民，一看沈老虎的来势，一下子不知说什么才好。只见沈老虎气势汹汹地说："五两银子不算少了，你可用这些钱到别处买一些杂地，照样可以种植茶树，余下的钱么，办一些嫁妆，早点将茶姑嫁出去……"站在一旁的茶姑气得火冒三丈，早已忍不住了，没等沈老虎把话说完，就上前一步说："想得倒好，好好的一大片茶园，在正中央造上个大坟墓，这片茶园还成个什么样子?"沈老虎一怔,把脸一沉:"大人在说话,黄毛丫头懂得什么?"茶姑反唇相讥:"什么大人?仗着有几个臭钱,强买强卖,如果我家的茶园卖给你造坟墓,就会灭了茶园的灵气,最终毁了整片茶园,不要说我不答应,就是村里的人也不会答应。不卖,别说五两,就是五十两,五百两也不卖!"沈老虎见碰上一个难缠的对手,气得脸上青一阵白一阵的,一时语塞,恶狠狠地瞪了茶姑一眼,气呼呼地走了。

阿牛得知这一情况后,十分焦急,赶忙跑来与茶姑商量:"这沈老虎是个心狠手辣的家伙,你这次顶撞了他,他岂肯善罢甘休,一定会伺机报复你。你外出时务必处处小心,以防不测。"随即将跟随自己多年的猎狗阿黄送给茶姑,说阿黄勇猛、机灵,危急时刻可以做个帮手,也可以起个通风报信的作用。茶姑十分激动,扑在阿牛的肩上,眼泪止不住流了下来。

再说沈老虎回到家里后,余怒未消,咬牙切齿地说:"这个犟丫头,简直吃了豹子胆,竟敢顶撞我,看我怎么对付她。"随即修书一封,派人给在县衙里当差的儿子沈富贵送去。沈富贵与他爹一样,是个刁钻狠毒之徒,见信后连夜火速赶回家中,父子俩进入里屋,议出了一条恶毒的计策。

这一天上午,风和日丽。茶姑背着竹篓,带上猎狗阿黄,到一个山坳里采摘野山茶。刚刚走过一片小树林,猛然间,从树丛中闪出两个用黑布蒙着脸的歹徒,将她绊倒在地,用黑布蒙上双眼,往嘴里塞进一块破布,连拖带拽,拉进树林深处。阿黄见状狂叫几声,扑上前去,被一个歹徒打了几棒,阿黄见不是对手,赶忙掉转头向村里飞奔而去。两个歹徒恶狠狠地对茶姑说:"哼!不知天高地厚的死丫头,竟敢与

沈财主作对，识相一点，答应把你家的茶园卖给沈财主，就放你回去。不识相的话，先破了你的身，再把你卖到外地的妓院里去，来一个神不知鬼不觉，哼！"茶姑拼命挣扎，无奈双臂被歹徒紧紧抓住，动弹不得，只急得呜啦呜啦直叫。

突然间，远处传来了阿黄的狂叫声，只听得人声鼎沸，喊声阵阵，阿牛和十几个村民手拿柴刀、锄头、铁耙，飞奔而来。两个歹徒见势不妙，吓得惊慌失措，企图拔腿逃跑。茶姑见时机已到，猛一发力，挣脱双臂，扯下眼前黑布，飞起一脚，直踢一歹徒前胸。歹徒猝不及防，踉跄几步，站立不稳，"呼啦"一声跌下了山崖。另一个歹徒见势不妙，抡起一个木棍朝茶姑劈头打来，茶姑侧身躲过，一个猛虎翻身，拳脚相加，一下子就打飞了木棍。歹徒见自己不是茶姑对手，转身就跑。茶姑一个箭步飞身上前，挡住歹徒去路，"砰！砰！砰！"，连珠炮似的双拳直击歹徒肋间，只听得"咔！咔！咔！"几声，3根肋骨被打断了，歹徒瘫在地上再也爬不起来，痛得"哎哟，哎哟"直喊。这时，乡亲们已经飞步上前，阿牛紧赶几步，将气喘吁吁、惊魂未定的茶姑一把揽入怀中。村民们分散开来,四处寻找另一个跌落山崖的歹徒。阿黄一马当先,领着大家,把跌断了一条腿的歹徒拉了上来。在铁证面前,两个歹徒不得不如实坦白了事情的来龙去脉。原来,沈老虎父子花钱买通了两个歹徒,暗中盯梢,设下圈套,企图逼迫茶姑就范,如果茶姑执意不从,就把她卖到外地的妓院当妓女。村民们怒不可遏,会同当地地保,将两个歹徒火速押往县衙。萧山县知县是个清正廉明之官,闻此案情,心中大怒:"哼!青天白日,朗朗乾坤,沈守财父子如此目无王法,胆大妄为,这还了得!"当即下令,派人抓捕沈守财、沈富贵父子,严加审问。在如山的铁证面前,沈守财父子只得一一供认了自己的罪行。知县大人下令,将沈守财父子和两个歹徒一并打入大牢,听候惩处。

历经磨难,茶姑与阿牛终于喜结良缘。他们与乡亲们一起,精心培植茶园,钻研制茶技术,在周边的山坡上新开辟了几个茶园。茶姑、阿牛与乡亲们相约,渡过钱塘江,前往杭州梅家坞、龙井等地,向当地茶农学习种植和制作龙井茶的技术,回来后,热心地向乡亲们传授,使龙井茶的种植和制作技术,在航坞山一带得到广泛的传承。

后来,杨先生因年老体弱,告老还乡了。临走之前,将继续办好太极拳练习班之事,托付给了茶姑和阿牛夫妻俩。茶姑和阿牛不负众望,在杨先生原先的基础上,把练习武术的活动搞得轰轰烈烈、有声有色,为航坞山及周边的城镇和村庄,培养了一批又一批武术高手,使太极拳这门传统武术一直流传到了今天。

周郎奇遇记

沈永银

在瓜沥镇坎山老街自古有这样一个周郎（司马第主人）的故事。今天我和大家来讲一讲这个故事。

很久以前，坎山老街有一个姓周的后生，他跟着师傅学成补锅手艺后，一直在瓜沥一带游走补锅，久而久之，当地老百姓笑称他为补锅匠周郎。

这个周郎家里很穷，靠着手艺混口饭吃，这个周郎人穷却是个心善之人。有一年冬天，周郎在坎山老街给街坊邻居补完铁锅后买了一点糕饼回家过冬至。在回家的路上，周郎发现路边有一位晕倒的老者，伸手一摸还有一口气，周郎解下装水的葫芦给老者喝了几口水，并将糕饼弄成粉状给他喂了几口。没多久，老者醒了过来，看了看周郎，非常感激周郎救了自己一命。

老者没有和周郎多说什么，只是问了问周郎的家庭情况，然后笑着对周郎说了一句"好人终会有好报"，便离开了。周郎整理了一下自己的东西，和往常一样回家了。

话说那年冬天特别冷，周郎早已将救了老者这件事情忘记了。有

一天，周郎来到老街给街坊邻居补铁锅，有几位喜欢聊八卦的大娘在周郎补锅的时候聊起当地一位大户人家的小姐，小姐一直待字闺中，说媒相亲的人踏破了门槛，但小姐都没有选到中意的。大家聊着这小姐是不是身体有问题，又转头笑笑对周郎说道："后生啊，我看你年纪也不小啦，要不你去试试，或许小姐就喜欢你这样的……"没等大娘说完，大家哄笑起来，都当是个笑话过去了，可是这个周郎却当真了，虽然自己配不上大户人家的小姐，却也该成个家了。

周郎想啊想，冬天也想，春天又想。一晃又是一个暖和的春天。有一天，周郎又在路上碰见了之前的老者，老者对周郎说道："善良的后生，再次碰面算是我们有缘。你好好珍惜，你的姻缘马上要来了，碰到困难不要退缩，这根红绳收好，以后可以送给你的新娘，心善之人终会用上这根红绳的。"说完，老者化作一阵烟随风而散，周郎连忙对着烟一跪表示感谢，并对着烟磕头说道："谢谢仙人，我的娘子在哪方？""天机不可泄露也。"

话说大户人家的小姐一直没找到如意的郎君。这一天，大户人家请了一位算命的先生（其实就是老者所扮）给姑娘算了一卦。算命先生合了一下小姐的生辰八字，慢声说道："小姐，今晚喝了这碗养神汤，好好睡一觉，你郎君的模样就会出现，待春雷一响，郎君就会出现在附近的坎山老街。"

当天晚上，小姐果真做了一个梦，梦见一个戴着铁盔穿着金袍的俊男来娶她为妻。小姐便派贴身丫头在老街处打探梦中的俊男。一连六天什么都没有出现。第七天傍晚，温暖如春的天气突然变了脸，霎时乌云密布，雷电交加。而这时的周郎正好在给一位腿脚不便的老农补铁锅，看着雨越下越大，周郎又没有带蓑衣，只好将一个补好的铁锅盖在了头上，刚好像一顶头盔在挡雨，一路上周郎为了抄近路穿过了一片油菜花地，那片油菜花的花粉染得周郎的衣服一片金黄。

周郎也顾不得把身上弄干净，跑到了老街躲雨，这时丫鬟看到了周郎的模样，不正是小姐所说的样子嘛，于是便高兴地将这个消息告诉了小姐。

第二天，小姐便托人将周郎请到了家里，并告知父母周郎就是自己梦到的那个郎君，也就是算命先生所说的那个郎君。周郎一听自然是喜出望外，然而未来的老丈人却很不乐意，做了很多天小姐的思想工作，依旧改变不了小姐的想法。

一气之下，这位老爷发话了，如果一定要嫁给这个穷补锅郎，就没有嫁妆，而且出嫁只能穿一套衣服走，别的什么都没有。小姐想也不想就答应了老爷。然而小姐的亲娘心疼小姐，偷偷在女儿的嫁衣上缀满珠宝，当小姐穿上这件嫁衣后，又绑上周郎送的红绳，衣服上的珠宝神奇地不见了，老爷也没有发现小姐身上的珠宝，小姐就这样简

简单单地出嫁了。

就这样周郎娶到了梦寐以求的新娘，周郎的一次奇遇也改变了他自己的人生。这小姐嫁到周郎家后，周郎解下红绳，他们俩变卖了新娘的珠宝，小两口盘了一个店铺。这店铺除了周郎补锅，小姐也做起了织女的活，小姐发现一个情况，那根红绳派上用场后，红线永远织不完，织出来的图案跟真的差不多。就这样小姐的织绣手艺在当地是数一数二的无人超越。两口子勤勤恳恳在老街经营着补锅和织绣手艺，生意越做越大，变成了远近闻名的富翁，后来周郎如何成为司马第主人则是后话了，同时小姐的织绣手艺如何演变成七夕"祭星乞巧"也是后话了。

任伯年画图识人

谢益龙

任伯年出生在萧山瓜沥，又名任颐，清末著名画家，是中国近代最杰出的画家之一。他的父亲也擅长画肖像画，任伯年从小就跟在父亲身边学习画人物、山水、花鸟等，有了绘画的扎实功底，其中以画人物画见长。

在任伯年十多岁时，有一天，父母一早有事情出远门，去萧山城里办要紧事去了，家里只留下他一个人，父母叮嘱他别贪玩，好好读书、好好作画，假如有客人来家里叫他好好招待一下。任伯年一口答应，叫父母放心去城里办事情，他会看管好这个家。

任伯年等父母走后，埋头作起画来，任伯年最近在画一幅《侍女惜花图》，已经画好几天了，今天在画梅花下捡拾花瓣的美丽侍女，画得非常投入，甚至中饭都忘记吃了。下午时候任伯年正画着，外面传来敲门声并有人在喊："家里有没有人？"任伯年放下画笔，立起身去门外看。来人穿着长衫，戴着礼帽，像一个有学问的绅士。任伯年把他请进了屋，但他脑子里还想着这个侍女该怎么画。那个绅士好奇地看了任伯年桌上的画，连连称赞道："真是少年有为，未来可期啊。"

任伯年请客人坐下，泡了杯绿茶给客人喝，可他脑子里想的全是画，客人问什么他才答什么。

客人问："你父亲在不在家？我找你的父亲有要事相商。"

任伯年答道："父母一早就出门了，而且是去萧山城里了，一时半刻回不来，父亲说要天黑才能回来，您要不在我家过个夜？"

客人说："那等不及了，事务繁忙，过几天我再来拜访你父亲。"客人说完话，立起身就告辞了，任伯年把客人送出了门，急急回屋里继续作他的画，把脑子里刚才想的细节全部描绘了出来。

晚上父亲回家，好像很疲倦的样子，他说去萧山城里办事不顺利，要找的熟人朋友不在，大老远去一天，事情也没有办成。任伯年为了让父亲开心，把画好的《侍女惜花图》给父亲看，父亲果然马上心花怒放，他很是惊讶，大声称赞儿子绘画进步大，很有长进。

父亲接着问他："儿子，今天有没有人来找过我？"

任伯年说："下午有一个人找您，他说过几天再来拜访。"

父亲疑惑地说："那么是谁找我呢，你问他名字没有？"

　　任伯年一拍脑袋，尴尬地对父亲说："父亲，我光想着作画，忘记了问客人名字了，那怎么办呢？都怪我就想着作画。"

　　父亲无可奈何地说："那你说说那人长什么样子。"

　　任伯年迟疑了一下，拿起画笔画了起来，十几分钟过去，一个活灵活现的人物出现在画中，画中人物穿长衫，戴礼帽，方正的面孔，一双大大的眼睛，下巴上还长着一绺胡须，拜访者的容貌惟妙惟肖，父亲一看到任伯年的画就知道访客是谁。父亲"啊"的一声，扼腕叹息道"错过了！错过了！原来他在找我，我却跑到萧山城里去找他了。"原来父亲今天上萧山城里找的人就是今天来拜访的这位绅士。

三眼桥

蔡月校

　　瓜沥党山有条里湖河，以前河面很宽，曾建过轮船码头。两面有两座石桥，一座叫永福桥，一座叫大桥，与大桥成直角相连有一座小桥。

　　党山地区有一民间风俗，家中老人故世，儿子要去"买水"，女儿要哭"叫河江"，哭过三座桥以表对死者的怀念和孝心。

　　里湖河南岸中间地段，有一户人家姓王，有三个儿子和一个跛脚女儿，父母因女儿脚跛唯恐嫁到外地被人欺侮，就在本村给她找了一个忠厚老实的农民当丈夫，成亲三年后丈夫得病亡故了，留下一个两岁的儿子。这个儿子生下来额头正中就有个凹洞，洞中生了一颗黄豆大小的黑痣，好像一只眼睛。传说中的二郎神生有三只眼睛，村里人都戏称他王二郎。母子俩相依为命，苦度光阴。

　　王二郎五岁那一年，外婆死了，他跟着跛脚母亲到舅舅家吊祭。大舅舅拿了一只碗，二舅舅拿了一个铜钱，三舅舅跟在后面到了河埠头去"买水"，二舅舅把铜钱丢进水里，大舅舅舀了一碗水交给三舅舅捧到外婆遗体前，几个舅母拿块干棉布，象征性地在遗体头脸上、脚旁边晃几下，算是给洗脸洗脚，然后把碗放在遗体旁边，等出殡时

当材头碗。他的跷脚母亲拿块手帕从家里出来哭着丧歌"叫河江"，从里湖河南面的中间地段绕过小石桥、大石桥到北岸再绕过永福桥一共四里路。跷脚母亲哭一声叫一声，走一步停一停，村里看热闹的都说跷脚图孝顺，也夸赞王二郎小小年纪陪着母亲走了这么多路，也是个孝顺孩子。

母子俩边哭边走，走了一个多钟头才回到南岸舅舅家里，跷脚母亲脚上都起了泡，坐在椅子上，王二郎两只脚也痛得不得了，但还是向缝制孝衣的大姆讨了一根针为母亲挑血泡。王家族长摸着他的头对旁边的人说："真是个好孩子，将来一定会发迹。"王二郎却瞪着眼睛问："为什么不在河中间再造一座桥,我们就不用绕这么多冤枉路了。"族长叹口气说"小孩总归是小孩，造一座桥谈何容易，里湖河上当年老祖宗花了几代人多少人力，村里人助米助钱才修起了三座桥，现在年岁收成不好，大家吃口饭都紧巴巴，哪里有铜钿造桥呢？"

王二郎听了就说："我以后要挣很多铜钿，一定要在里湖河中段造一座桥，给大家带来方便。"族长夸他有志气。

　　王二郎长大后成了商人，赚了很多钱，终于在里湖河中段建造了一座三孔石桥。他请村中的私塾先生题个桥名，先生想了一下，里湖河上有大桥、小桥，还有一座永福桥，这座新桥就叫永禄桥吧，取大小永远福禄之意。王二郎就请先生写了字，又叫石匠师傅凿了"永禄桥"三个大字在桥中间的石栏上。党山村民们感念王二郎，就把这座桥称作"三眼桥"。

绣娘泪

吴桑梓

  大家都知道萧山花边美丽漂亮，可知道其中有多少绣娘的辛苦和血泪吗？

  一个生长在花边之乡的姑娘，在七八岁时就要学挑花边，她们失去了欢快的童年，终年只能与针线为伴。长大了要是能配上一位知冷知热的好丈夫，能与夫君相伴终身，那这位绣娘也算是有福之人了。要是出嫁以后遇上天灾人祸，这个绣娘就苦极了。这里要讲的就是一个苦绣娘。

  绣娘叫秀姑，从小聪明手巧，十岁时就能挑出整张花边，可秀姑命苦，她的娘亲也是个绣娘，因为没日没夜地挑花边，在四十岁那年就双目失明了，而且秀姑还有两个弟弟。少了娘亲一根针，家里生活就苦了，老爹只好给人去撑船，真是祸不单行啊，有一次遇钱塘江潮水，老爹船翻人亡。老娘一气一急，也一命呜呼！于是一家三口的生活重担压在了秀姑的身上，那年秀姑才十五岁。

  十五岁的秀姑只能凭着手中的一根针养家糊口，她的针线好啊，一些高难度的花式活，别人不敢接，她敢。挑花要熬夜，熬夜要点灯，

点灯要用油，秀姑怎买得起油啊？所以东家婶婶、西家大嫂、南边姐姐都叫她前去拼个灯。两个弟弟也听话，摸螺蛳、捡田螺、捞鱼虾，补贴家用。可毕竟弟弟们还太小，到江边河边去让人担忧，她叫弟弟们不要走得太远，绝对不能到潮涌凶险的钱塘江边去。可弟弟们也知道生活的艰难，还是瞒着她去了鱼多鱼大的钱塘江，不幸的事还是发生了，一个弟弟被浪卷走，连尸体也没有见到，秀姑再也不让仅存的一个弟弟去捞鱼虾了。她租了一小块田，和弟弟一起种些蔬菜和粮食。于是，秀姑更辛苦了，她白天到田里劳动，晚上挑花边。20岁出头时，她却长得像位中年人。

虽然村上人可怜这对姐弟，经常有人去帮忙，可苦日子还得自己挨。秀姑挑的花边一张又一张，秀姑和弟弟种的蔬菜一茬又一茬。弟弟长大了，到了婚嫁的年龄，可操劳过度的秀姑刚到中年却已枯瘦如老年。那一年，她终于支持不住病倒了，而且双眼也失了明。

一个有病又失明的姐姐给弟弟的婚姻带来了障碍。

八月风高的季节，弟弟到田里去劳作了，回来后不见了姐姐，他到处找，到处叫，猛然想起这几天姐姐的反常，说是要去钱塘江边听听潮。说她住在钱塘江边，还从来没有去看过潮，现在看不见了，去听听也好呀。想到此，弟弟没命地往钱塘江边跑，可弟弟还是来迟了，江边沙滩上只留下了秀姑的一双鞋……

钱塘江水呜咽着，她吞吃了秀姑疲劳的病体，弟弟大声哭叫着：姐姐，姐姐，我苦命的好姐姐……

钱塘江水知道美丽的花边背后有绣娘们的辛酸泪，钱塘江的江水里流淌着绣娘们的泪！

巧 姑

吴仁早

生男生女的观念坎山历来与别的地方不一样，因为坎山的女人会绣花挑花边，这可是个赚钱的活，而且还是活钱，所以坎山人生了女儿都是很开心的。但要是生的女儿有点呆，不会绣花挑花边，那么这个女孩不但会被其他人看不起，就是家里人也会嫌弃她，连嫁人都困难。

张家就养了个呆姑娘，呆姑娘成了家里的负担。

要说这个呆姑娘刚生下来时足足让她的爹娘笑了三天，为啥？长得漂亮啊！小嘴巴高鼻梁，一双眼睛骨碌碌，这样漂亮的女孩子，长大了肯定聪明伶俐，绣花挑花边不成问题，既漂亮又能干的女孩子，还不是家里的摇钱树？有了这样的女儿爹娘能不笑吗？于是，他们给她起名叫巧姑。

巧姑渐渐长大了，却露出与她相貌不相称的呆笨来，她的爹娘有点着急了。后来爹娘越来越伤心。

别的小姑娘刚学会走路就会在挑花姑娘们的跟前转，到了七八岁，就要拿起针线学绣花了。可巧姑呢，长到八岁了还对提针绣花一点也不感兴趣，只知道疯玩，看见蝴蝶追蝴蝶，看见蜻蜓追蜻蜓，看到青

蛙跟着跳。对她说绣花的事，她一脸懵懂。做娘的急了，把她按在凳子上，让她穿个针，分分线，可她把针拿起来左看看右看看，问她娘："这针硬硬的，这线软软的，怎么穿呀！"于是，大家对她摇头叹息，说巧姑是聪明面孔呆肚肠——没救了。她的爹皱起眉头叹气，做娘的急出了眼泪。

巧姑长到十来岁了，每逢乞巧节，与她同龄的姐妹们赶去讨巧，巧姑也跟着赶来赶去的，可她不是去讨巧，而是去讨果子点心吃的，因为乞巧节祭星讨巧家家都备有水果和点心。于是，大家觉得这位漂亮的呆姑娘没出息。

再说村上有位八十婆婆，她年轻时可是一位好绣娘，姑娘小媳妇们每年乞巧节都上她的门讨巧。那一年的乞巧节，巧姑跟着姐妹们来到婆婆家，又是伸手要果子吃。婆婆把她拉住了，说："巧姑啊，你生着一颗七窍玲珑心，可惜一窍被堵住了，今夜你就住在婆婆家，让婆婆求织女娘娘给你开开窍。"

那一晚，村上人都关注着八十婆婆的家，也关注着那天的月亮和天河上的牛郎织女星。

鸡还没有叫，村民就被巧姑的哭声惊醒了，于是大家纷纷赶往婆婆的家中，只见婆婆穿着红裤和红袄静静地躺在床上，而一边的巧姑已经哭成了个泪人儿。

八十婆婆是个孤老，巧姑就成了她的披麻戴孝人。送走了婆婆，巧姑真的是换了一个人，她不再蹦蹦跳跳到处跑，而是拿起了针线学绣花，说来也怪了，这个巧姑没几天工夫就赶上了其他女孩子。不到半年，就成了村上绣花的佼佼者。看来婆婆说得没有错，以前巧姑的七窍玲珑心被堵住了一窍，如今一窍开通窍窍通，她的巧手无人能比了。有人问巧姑："婆婆怎么给你开的窍？"

巧姑却睁着一双迷惘的眼睛说："那天我是迷迷糊糊的，什么也记不清了，只是睡着了，后来我醒来时看到婆婆躺在那里了。"

就这样巧姑的开窍成了谜，但人们坚信，乞巧节的祭星确实是能让姑娘们开窍的。

巧姑的父母却不忘婆婆的大恩，他们把婆婆的灵牌供在了家中的祖宗牌位上，逢年过节祭祀她。而在乞巧节那一天，婆婆也成了这个村子被祭祀的一位神灵。

岁月·钩沉

当风从航坞山吹过

李郁葱

很多时候，我们无法从今天的面貌去看若干年前的世界，那些山水和建筑，那些街巷和市井，似曾相识，但又截然不同。比如任伯年纪念馆所在的航坞山，顾名思义，此山应该是因有类似灯塔的指引作用而得名。

事实上也是如此，勾践和钱镠都曾在航坞山留下足迹，想必是出于战略位置的考虑，浙东浙西以钱塘江为界，当时宽阔的江水就是天然的屏障。到了明朝，这里还是胡宗宪大破倭寇的场所。其中，有一个传说非常有趣：勾践曾到此山，观此山气势不凡，连绵不绝，遂在心中许愿，如此山有一百个山头便定都于此以延续越国霸业，可数来数去航坞山只有九十九个山头，原来他忘记数自己脚下的这个山头。以为天意，遂罢定都于此的念头，遗憾而去。

这个传说孕育出来的心态非常值得探究，但整体上反映出的是萧山人那种自尊和自强的内心，你弃我而去，不是我不够好，而是你有眼无珠，不识庐山真面目。

有这样一种心态的地域，在时移世易中终究会雕琢出自己的钻石，就像在航民村参观时，我们被那两艘远洋万吨轮的缩小版模型所吸引。这万吨轮是航民村的产业之一，担负着沟通和往来贸易的重任，它是一个轮廓，在这轮廓下，我们可以遐想的是，在潮水渐渐远退以后，生活在此地的人们，依然不曾放弃对远方的注视。

元代诗人雁门才子萨都剌在 1331 年前后被调往江南一带，担任江南行御史台掾史一职，结交了张雨、马九皋等人，到了晚年，索性就住到了杭州一带，他写过四首《航坞山》，现在读来还是清新可喜，其中之一是："拂衣登绝顶，石磴渍苔纹。鸟道悬青壁，龙池浸白云。树深猿抱子，花暖鹿成群。更爱禅房宿，泉声彻夜闻。"

航民村的名字来源和勾践有关，虽然我个人不太喜欢他的厚黑成功学，但生活在钱塘江周边的人，很难能够忽视他在历史上的存在，无论他是阴影还是阳光，是暗礁还是秀出于海面的岛屿。当年，钱塘江流经航坞山后归入大海，勾践修筑都城时曾采石于此。采石便要运输，水运是最方便和低成本的，当时江边设有停泊船只的船坞。"航民"的先民聚居在航坞山旁，故得名航民村。

虽然一直觉得"航民"两字充满了某种时代的气息，但没有想到它有那么久远的历史，在航行中安居的子民，有一种巨大的胸襟和气魄。在时间的航行中，到了 20 世纪末，这个占地仅两平方千米的小村，从七万元起步，把自己打造成了在商海中披荆斩棘的大船。

这，不得不让人感慨时光和造化的奇妙，当一道门被关闭的时候，另外一道门就会打开。船坞山也是，钱塘江主槽北移，江道逐渐游移到赭山（位于今萧山区南阳街道）以北后，曾经日夜倾听潮汐的航坞山，从此成为远离江涛、屹立于萧绍平原上的一座小山。

　　而这座山的声名却早已镌刻在时间里，给予我们无限的畅想和时间中的悠游，就如在《舆地志》中的记载："昔有洛下人随太尉朱隽来会稽，三年不得返，乃登山望北而叹。"这是船坞山上洛思峰的来历。当今天我们在这样的山峰上眺望，还会生发出洛下人这样的浩叹吗？现代的交通缩短了空间的距离，萧山从县化市，又撤市为区，融入杭州的城区，而日渐城市化的地域特征，也会把这种叹息化作一缕轻盈的感怀。

　　清末时的任颐，也就是任伯年，便是此地人。从小跟着父亲卖画，走的是草根路线，后来跟着任熊、任薰学，年龄大一点的时候，便去上海专业卖画为生了，非常有趣的是，他的画发轫于民间艺术，技法上吸收了诸多手法，并不限于某一画派，山水、花鸟、人物等在画纸上都有自己的呈现。

　　尤其是他的人物画和花鸟画，巨大的影响在后世有着悠远的回声。我徜徉在他的纪念馆中，想：如果任伯年生活在当下，他还能成为"海上画派"的旗手吗？在他的笔下，那些生动的脸，都透出生活的本真：

是复杂的，也是单纯的。而他在上海的那些年，可曾登高眺望钱塘江边的这座小山？好在上海和杭州一样，吹到脸上，能够感受到的常常是海上的风。

毗邻航坞山，也在瓜沥，在河流纵横交织的党山集镇老街，有一处叫作南大房的大宅第，明清之时是许氏家族的居住地，坐北朝南，前后四进，占地面积近3000平方米。

《许氏宗谱》记载，党山许氏于明朝嘉靖年间从绍兴马鞍亭迁来，始祖许承一公。传至第四代时，已分有八个房头。大房经商致富后，于万历年间建造三进宅院。因是大房所建，故俗称"南大房"，而第四进楼房是在清光绪年间所增建，当时大概是人丁兴旺，既有的房屋已经不够居住了。

总是在这样的楼起楼塌之间，在无数次修缮中，我们可以嗅到一些人间的痕迹，像那些石、砖、木三雕，或简洁明快，或精雕细刻，留下一个时间里的审美。木雕斗拱，哪怕都是灵芝、如意、荷花等形状，但因为南大房所经历的时间跨度，在这一幢与那一幢之间，如果我们认真去看，细节之处颇不同，这些都是光阴遗漏下来的微光。

偶尔间，这些微光会照亮我们的眼睛，但南大房真正让我惊艳的，却是草木。在宽敞明亮的大天井里，整齐划一的青石板的板缝之间，长出了一株株鸡冠花，在石头的映衬下，有种难以言喻的灿烂，仿佛是大地在建筑物的束缚下伸了个懒腰，然后探出头来。鸡冠花的花呈鸡冠状，看着普通，并不特别，这花原产非洲、美洲热带和印度，喜阳光、湿热，种子传过来后，开得到处都是，而大天井正好具备它茂盛的那些条件。

　　其实在其他一些地方，也见过鸡冠花从石缝间长出来的，但大抵就是一株两株，没有这样密集的壮观。草木一秋，然而为这一秋，它是坚定的，没有一种压力可以让它放弃葳蕤的时节。

　　从南大房出来，远远地便能够见到航坞山，高楼多了，这海拔近300米的名山并不显得高耸，即使它有过煊赫的声名，但能够穿越时间抵达今天的，却是吹过它的风。这风里，混杂着海之狂暴和柔情，在时光里，它比我们更有耐心。

　　风从海上来。吹到这江南一个非典型的小镇，吹来一些种子和雨水，然后落地生根，就如高昂着斗志的花侵入到我们的视野。

　　慢慢地，我们就熟悉了它。

瓜沥的传承

陈博君

在萧山瓜沥镇参观任伯年纪念馆的时候，老实说起先我是抱有走马观花的心态的。虽然我对传统的书画艺术颇有兴趣，而任伯年又是近现代中国绘画史上最为杰出的画家之一，堪称清末海派画家的领袖人物。但在海派画家中，大众耳熟能详的名字实在太多了，相较于吴昌硕、林风眠、丰子恺、刘海粟等名家，任伯年的名字似乎显得有些寂寞。况且对于名人纪念馆这种每到一地必定要打卡的地方，我相信不少人心里其实也是五味杂陈的。毕竟那是了解当地历史文化底蕴的重要场所，不去吧，会显得你太没文化；可真去了，无非就是浏览一下名人的生平和事迹，最多看一眼名人当年的生活或工作场景，收获的惊喜往往不多，而前脚看过后脚忘掉反倒是常态。

所以直到站在航坞山下这座青砖黛瓦的纪念馆门前，我的脑海中仍不合时宜地萦绕着萧山的萝卜干和大种鸡。在我的印象中，瓜沥这个地方最令人向往的，莫过于这里丰富的物产了。自打儿时起，那咸甜爽脆的萝卜干就是特别熟悉的早餐佐菜，只要餐桌上有这么一小碟，那清汤寡水的泡饭都是可以连吃三碗的；而萧山大种鸡做的三黄白切鸡，更是一道令人垂涎的奢侈美味，只有在逢年过节或家中来客的时候才能吃到；还有那精致漂亮的萧山花边，无论是沙发上铺一块，还是杯子下垫一片，档次立马就会提升不少……

不过我这种烟火气十足的俗念，在踏进任伯年纪念馆大门的那一刻，就顿时烟消云散了。大多数纪念馆，一进门就是一个直奔主题的序厅，而这座任伯年纪念馆的格局却与别处不同，进门后的第一重建筑内，竟然不是介绍任伯年的内容，而是一个可以让参观者亲身感受书画魅力的创作接待室。不论你的书画水平如何，只要有兴趣，都可以在古色古香的几案前体验一把挥毫泼墨的魔力。这种貌似随意的安排，就好比是健身锻炼前的热身活动，在不经意间将观众带入了一个墨香四溢的氛围之中，对接下来的主题参观起到了一种潜移默化的引导作用。

第二重建筑中，才是关于任伯年艺术人生和艺术成就的全面展示。目不暇接的画作，加上简明又不乏细致的文字介绍，将一位杰出画家短暂而又辉煌的一生完整地呈现在了观众面前。引导我们参观的小伙子名叫巩加，是任伯年纪念馆的学术理事长，他的讲解可谓画龙点睛，让我们一下子就感受到了任伯年及其画作的与众不同。任伯年的绘画发端于民间艺术，其父亲是专画"揭帛"的，也就是为逝者绘制遗像的民间画师，从小耳濡目染的任伯年因此有着非常扎实的人物写实功底。之后他又在上海徐家汇向土山湾印书馆绘画部负责人刘必振学习西洋画法，练就了过硬的素描写生能力，他的人物画作因此兼容中西技法，形神兼备，别具一格，在传承中又有了自己的创新。

如果说创新是任伯年享誉画坛的一大法宝，那么勤奋应该就是他

从乡间画师一步步走上中国画坛巨匠位置的另一成功奥秘。在纪念馆的一面墙上有张巨幅年表，详细地罗列着从 1865—1895 年三十年间任伯年的全部画作，望着满墙密密麻麻的作品名称，我仿佛看到了一位勤奋的画家经年累月笔耕不辍的情景，以及他对绘画艺术孜孜不倦的不懈追求。

感叹于任伯年的创新与勤奋之余，我不禁对这座纪念馆也另眼相看起来。因为这座纪念馆不仅仅向我们介绍了一位画坛巨匠，更传达了一种蕴含在任伯年绘画艺术之中的精神特质，这让我们从书画艺术的视角，感受到了瓜沥这个地方又一种值得骄傲的历史文化积淀。

然而，自豪于一段历史或者某个历史人物总是容易的，尤其是在历史文化底蕴如此深厚的中国大地，谁还没有一段值得骄傲的历史，或者几个值得缅怀的历史人物呢？作为后人更需要思考和行动的，绝不只是怎么来展示和炫耀这份骄傲，而应该是如何把这些曾经光辉的历史，以及历史人物身上所折射出来的精神品格传承下去吧。

走出第二重建筑，参观似乎到此结束。我正胡思乱想着要折转身子，准备随着大流返回大门时，却被引导参观的巩加叫住了。

"请大家再到我们的品茗室喝口茶，休息一下吧。"小伙说着，便带领我们继续向后面的第三重建筑走去。望着最后那排同一古风的建筑，我不禁心生纳闷，开口询问道："那里面是做什么的？"

"那是我们纪念馆的临时展厅。"巩加的眼睛突然亮了一下，语气也兴奋起来，"现在里面正在布置一个汉碑的展览，你们有兴趣的话可以进去看看。"

汉碑？当然有兴趣了！作为我国古代碑刻艺术的巅峰时期，汉代的碑刻不仅传世数量庞大，而且风格类型多样，有"一碑一奇，莫有同者"之誉。不过，在这样一个镇级的纪念馆里，能看到一些最平常的民间汉碑也就不错了吧？

展厅并不很大，里面陈列的全是碑拓作品，并无一件碑石原件，且数量也不算太多。正有些失望之际，抬眼细看那高悬于白墙之上的碑拓，虽然尚未挂上说明标签，却蓦地让人心跳陡然加快。这一件件的，竟全都是如雷贯耳的经典之作！你瞧那朱拓的《袁安碑》，小篆的碑文圆润婉转，字数之多、艺术水平之高在东汉碑刻中极为少见，是习篆者必临的碑帖之一；那秀美飘逸的《曹全碑》，上千文字密布于一碑之上，结字均整，美妙多姿，亦是学习隶书的经典临摹碑帖；还有那摩崖石刻的《西狭颂》，粗犷强劲，庄严雄伟，也是隶书的重要临摹对象。特别让我惊喜的，是一幅汉三老讳字忌日碑的拓片。汉三老碑是一方价值连城的国宝，被誉为"浙江第一石"，目前收藏于西泠印社的汉三老石室，是该社的镇社之宝。我曾写过西泠印社的百年历史，当然知道这块汉三老碑对于"天下第一名社"的重要性。巩加介绍，这些展品全都是来自民间收藏的旧拓原件，因此这些拓片本身就都是极其珍贵的文物了。

真没想到在这个以"瓜蜜汁沥"得名的地方，竟然会有这么多艺术瑰宝珍藏于民间。我忽然好像有点开悟了，为什么一代宗匠任伯年会诞生在这里，因为在瓜沥，书画艺术是有着深厚民间基础的。

"像经典汉碑展这样的主题展览，我们每年都要举办好几场。今年我们就已经举办过全国写意花鸟展、紫砂艺术巡展、文房雅器展等好几场艺术展览了。我们办展的目的，就是要不断'挖掘伯年遗韵，弘扬伯年精神'。"在与临展厅相连的品茗室内，浑身散发着艺术气息的任伯年纪念馆执行馆长林科达一边为我们沏上一盅盅鲜红的茶汤，一边简要介绍起了纪念馆的运营情况。原来，这座由瓜沥镇出资兴建的任伯年纪念馆，采用的是引进专业艺术团队负责日常运营的模式。我相信作为全国综合实力百强乡镇之一的瓜沥，做出这样的选择肯定不只是为了节省经费。借助一支更为专业的艺术力量，来为瓜沥的任伯年艺术文化注入新的活力，才是他们的最终目的吧。

事实证明，这种选择是明智的。以中国美院和杭州师范大学为依托的东方美学研究院被引进后，在瓜沥及周边的河上、浦阳等地开始打造"小镇美学营造社"，推送各种主题文化雅集和书画音乐交流活动，任伯年纪念馆就是其中最为活跃的小镇美学营造社之一。他们通过举办伯年生活美学展览、伯年文艺讲堂、颐颐雅集，以及针对青少年举办的亲子版画、陶艺、户外书法和国画泼彩等培训，致力于推广任伯年艺术与美学的公益性系列活动，同时还联合瓜沥镇文化站共同推出文艺公共教育与公益服务项目，为瓜沥的社区、企业、学校、幼儿园

及民间社团提供文化艺术休闲服务，让瓜沥人的日常生活变成风雅艺事，让伯年精神在体悟生活之美的过程中代代相传。

善于借鉴和纳新的瓜沥人，就像当年的任伯年学画一样，通过大胆引进现代的运作模式、吸收新鲜的艺术养分，来滋养和传承当地传统的书画艺术，使之在融合中得以创新，在创新中更好地传承。他们用这样的生动实践，将任伯年绘画艺术的精神内涵弘扬到了骨髓、传承到了极致。

瓜沥散记

孙昌建

    瓜沥这个地方，地处杭州和绍兴之间，离绍兴要更近一些，口音和餐饮习俗也都接近越人，因为萧山在历史上是归会稽郡管辖的，前几年我去瓜沥吃喜酒，大酒店里还能吃到全鸡全鸭和蹄髈，那种大快朵颐是远比吃大龙虾要来得实在和幸福的。

    瓜沥这个地方，每两三年我都会去一次，因为我有两个姨妈都曾经住在瓜沥，一个是我妈妈的姐姐，退休后住到杭州来了，一个是我妈妈的妹妹，一直住在瓜沥。现在这两位姨妈已经去了另一个世界，但我还是时不时要去瓜沥的，原因是那里还有五个表兄妹，从吃表兄妹的喜酒到吃外甥们的喜酒，这弹指一挥，差不多三十年过去了。

    如果要追溯得更早一点，还在学龄前或刚上小学那一会儿，我作为杭州萝卜绍兴种中的一员，每年寒暑假都要回绍兴孙端的，那这个过程中就有到塘头做嬉客的安排，是的，我们一直把瓜沥叫作塘头，以显得亲切。而且那时从我老家孙端去瓜沥，也都是坐乌篷船的。所谓塘头，就是原来钱塘江北海塘的起点处，这瓜沥就是依塘兴市，倚塘而居，以塘为街，因塘成镇，所以在老瓜沥人的嘴里，还是习惯叫

塘头的。一说起到塘头做嬉客，那晚上可能会兴奋得尿床的。儿时的兴奋和无拘无束，是童年最宝贵的记忆。那个年代物质窘迫，外婆家姨妈家有点好东西，都被我们这些"小巨头"享用了。

吃了还不够，走时还要拿，裤袋里要塞满番薯片和落花生，这是必需的。在我印象中，还有一种小米年糕，好像就是姨妈家独有的。就像现在，我表姐每年还做笋子干菜，把花生米都做进去，为了吃这些花生米，我也开始看起了电视剧，否则你没有理由吃这么好吃的消闲零食，如果我写稿时也吃了起来，那稿子就写不成了，经常花生吃光，稿子却还没有写完。

这是做嬉客时留下的记忆，这个"嬉客"是一种方言，也可以写成"稀客"，另有一种说法叫"人客"，刚好是"客人"的倒过来读，"人"要按方言读成"宁"。据说这两个词虽然都有"做客人"之意，但有主客之分。但现在要考证这一类方言俚语也有难度了，尤其是当童年已经一去不返时，尤其是我对童年的记忆还是抱有一种警惕心时，因为我怕一不小心就会堕入虚构的泥沼，比如对于瓜沥老街，我自然是有记忆的，但这样的记忆已经很难复原再现了，因为这不是拍电影的置景，置一道怀旧的布景，不，那是我们的生活，那是五十年前的生活，是我们的全部。而今天，我也来不及怀旧，因为怀旧太奢侈了。

但好在我对瓜沥的记忆一直有新的内容在不断注入，这得益于航民村的存在，迄今为止，我去航民村采访过三次。第一次还是在20世纪的90年代，进入21世纪之后又有两次。我第一次采访航民村的掌门人朱重庆时还是以他"十佳青年"的名义，那最近的一次也在好几年前了，我已经在关心他的接班人的问题了。你看岁月这把杀猪刀厉害不厉害？而航民村最大的特点，就如朱重庆的特点，那就是稳健，包括说话喝酒做事，他都是不紧不慢的，而且航民村也一直以发展集体经济、造福全体村民为福祉。你看这几十年，中国大地上出现过多少乡村致富发展的样板，但是你放到时间长河上一看，放到这三四十年里一看，像航民村这样的，那几乎是绝无仅有。它的发展，也不是说人人家里金条都存不下了，不是的，但是你看在二十多年前，农户就住上独门独户的别墅，吃穿不愁，工资奖金有保障，年终还分鱼分肉，直到今天还是这样，然后文化生活设施等一应俱全，那村人之生活，夫复何求？

当然航民村只是瓜沥发展的一个例子，今天的瓜沥，早已经不是昔日的塘头，今天瓜沥的行政区划和人口，已相当于一个中等县城的规模，它的常住人口就有三十万，所以提小城市发展，打造未来七彩社区等概念，它也已经具备了这个条件。那天晚饭之后，我还是去酒店周边的这个综合体转了一圈，我也知道这肯定是个新区，这个时候我就恍惚觉得我是在杭州的湖滨或是城西的某个区域，因为生活和娱乐、教育设施一应俱全，包括交通设施，我住的酒店对面就是瓜沥的公交客运中心站，早上七点半的时候，我观察了一下，几乎每隔三十秒就有一辆车进出中心站，这个节奏几乎延续了半个小时，而且它有各种款式的班车，既有大巴又有中巴。

那么也许下一次，我将坐着公交来瓜沥吃喜酒，但是我从瓜沥自己的微信公众号上得知，他们又要造新的公交站了。是的，我很早就加上了瓜沥的微信公众号，这就是一份牵挂和惦记。我住在杭州，但还是时常谈起瓜沥，比如：早些年给翁仁康写个电视片，知道他是瓜沥人；遇到前同事王开花，也会问瓜沥的事情，遇到开花的老爸王老师，那我就问塘头的事情；还有我在写陈年文章，比如1975年昭东的农民诗歌，也是热过一阵子的，我知道昭东早就并入瓜沥了。在更早的时候，坎山出了一个杨之华，这个就更是一言难尽了。

萧山花边的"故"事与"新"梦

郭　梅

　　我家小妞正是疯蹿个子的年纪，仿佛只是一眨眼，一大堆还没怎么穿过的衣裙便都短得没法穿了，其中就有她最心爱的牛仔背带裙。"平时要穿校服，还有体育作业，都没得穿裙子，好不容易到了暑假……"看着她懊丧不已的小脸，最不善针黹女红的我在这个早就远离"新三年，旧三年，缝缝补补又三年"且分分钟可在某宝下个单的时代，被自己突然冒出的"奇思妙想"吓了一跳——我得想个法子让小妞的爱裙"复活"！

　　所幸，尚未"挖地三尺"，便找到了最适合帮助牛仔裙起死回生的"利器"——一块铺柜底的萧山花边桌布，内敛的亚麻色调、精致活泼的花卉纹样，恰与深蓝的牛仔布相得益彰。于是，简简单单拼接上长约四寸的萧山花边，笑容便重新回到了小妞的脸上——在镜前试穿，裙摆"延长"到了膝盖处，搭配各式 T 恤都妥妥的。为了便于行走，"新"裙筒的侧缘我故意不加缝合，而是在穿着时让小妞在膝上约一寸处扣上一枚小胸针，或蝴蝶，或金鱼，或瓢虫，或椰子树，或四叶草，或玫瑰花，颜色和造型可依当日心情和所搭 T 恤随心所欲，方便、俏皮。

　　"蛮好蛮好，这样以后个子再高了，还可以拼一截"，一辈子勤俭持家的奶奶眉开眼笑，打开了话匣子滔滔不绝："妞，格块萧山花边台布，还是奶奶结婚时同事送的呢，比你爸爸妈妈年纪都大哦！"见小妞惊讶得瞪大了眼睛，老人家更加大发感慨："格老底子的东西真当好啦，噶许多年了，不光蛮蛮牢，还没怎么显旧呢！多少次搬家都没掼掉，现在倒派上大用场啦！"我也赶紧"凑趣"溜老太太的须："您老人家真是料事如神未卜先知呀，多亏您每次搬家都坚持任何老东西都绝对不扔，否则今天这么漂亮的新裙子哪里来呀！"

　　"奶奶，萧山花边是什么东西？"小妞甚是好奇。

　　"萧山花边么就是萧山人挑的花边啊，是萧山的特产，我们家里以前用的东西，有不少是萧山花边的呢，比如床罩、被套、枕套、坐垫、果盘垫、茶几垫、沙发罩儿，还有电视机套儿，不是丝绒的灯芯绒的，就是萧山花边的。""萧山花边还可以做衣裳做裙子做披肩，还有装饰用的扇子和雨伞。"我抢过话头，一边说一边给小妞比画陪伴我度过七载求学生涯的萧山花边工艺伞的"倩影"："那时候我住上铺，有学长送我一块搁书的木板，板上放书，书旁边是一盏小台灯，塑料灯罩实在不好看，就拿花边伞做灯罩喽。"可惜那时照相机还是奢侈品，宿舍和床铺都没留下照片，但在记忆的底版上，花边小伞与青葱年华一样，永远灵动鲜活。

小妞好奇心更甚了："小伞还在吗，我想看看！还有，我想听萧山花边的故事！"

小伞用旧了，毕业那年被室友要了去，现在应该在另一座城市的某扇窗里，负载着两个中年女子的青春记忆。而萧山花边的故事，也的确该跟小妞这辈孩子说说了——"萧山花边呀，今年刚刚101岁，是我们浙江的一种非物质文化遗产……"

其实，萧山花边作为非遗，实在是"非典型"的，因为她委实太年轻了，而且最初还是如假包换的舶来品——花边就是蕾丝，即"lace"，指由绕环、编结、绞织或双股线编织的装饰织物，公元四、五世纪的古埃及墓葬和古代秘鲁文物中便有类似的抽纱花边与雕绣花边。到了中世纪，欧洲的花边生产集中在天主教修道院，产品用于祭坛的装饰和僧侣的着装。欧洲文艺复兴后，花边的生产和使用开始普及，在十五世纪欧洲的绘画中就可以看到人物服装和坐垫、靠垫大都镶着精致的花边。现在俗称的萧山花边源于意大利威尼斯——欧洲工业革命后，机器替代了手工，会做手工蕾丝的人越来越少，人工费也越来越高，于是传教士就来中国找廉价劳动力。最早是在上海、山东，最后找到了萧山。一个世纪前，上海商人徐方卿看中萧山沙地女子勤劳灵巧，而且当地经济不发达，劳动密集型的外来经济项目易受欢迎，便打算在此发展花边产业。1919年阴历八月十六日，他带领四位天主教徒从上海徐家汇来到萧山坎山镇的天主教堂，先后挑选了二十四名当地女子，向她们传授挑花边的技艺。1923 年，徐方卿开设第一家花边厂——乔治花边厂，萧山花边由此落地生根，并逐步发展成为当地的一大传统产业和有代表性的手工艺品。据《中国实业志》记载："上海花边商利用内地工资低廉，到萧山授花边织造之法，同时发给花线，收买出口。"挑花风靡后，既懂设计又会营销的"资商"应运而生，他们挑着成品闯荡上海滩，遇到外国人便连比带画地上前售卖，让沙地女子那一双双上下翻飞的巧手成为聚宝盆，让沙地，即现在的瓜沥、坎山、靖江、义蓬、党山一带成为花边艺术之乡。萧山花边，音译名"万缕丝"，就是威尼斯蕾丝的意思，以设计精巧、构图新颖、技艺精湛和富有层次感而名扬天下。遗憾的是，手工花边价格昂贵，在那之后很长的历史阶段里产品都通过吴淞港出口到美国、瑞士、意大利、德国、奥地利和中东等国家和地区，国内和萧山本地人鲜少使用。

1937 年 8 月 13 日，中日淞沪战争爆发，上海港口受损，萧山花边销路断绝，生产被迫停顿。抗战胜利后，特别是中华人民共和国成立后，萧山花边得到复兴。1954 年 5 月，坎山镇建立萧山基层供销合作社联合花边办事处，1955 年 4 月至 1956 年 5 月，其他五个乡镇先后建立了花边供销合作社。1956 年 7 月，萧山县花边专业联合社成立。1958 年 4 月，五个合作社全部并入联社，建立萧山县花边工艺生产合作社。1970 年 12 月，花边联社及七个社合并建立萧山花边厂。在很多萧山人的儿时记忆里，都有路过花边厂的清晰印象。20 世纪七八十年代，萧山挑花女有浩浩荡荡的队伍，既为国家出口创汇也为小家添砖加瓦，萧山花边进入鼎盛期。

经过几十年的逐步发展，萧山花边因地制宜，在原有西方技艺的基础上融合了中国特色的艺术元素，如水墨画的意境和中国古典版画的风格，在针法上也借鉴了我国传统的刺绣艺术，青出于蓝而胜于蓝，成为非常精美实用而颇具中国特色的艺术品。工艺大师赵锡祥说，萧山花边发展百年来，虽起始针法单调，只有简单的三四种，但通过几代设计人员和挑花女们的不懈努力，逐渐发展出了三十余种形状各异、简繁不一的针法，花边规格品种达千余种，成为具有鲜明地方风格的高档抽纱品。在巴西和意大利，"万缕丝"数量的多少乃女儿嫁妆是否丰盛的重要标志。在日本和墨西哥，"万缕丝"是孩子生日、升学、结婚等喜庆日子的最佳礼品，摩洛哥王宫也以成套的"万缕丝"做装饰。而在萧山、在杭州，花边产品也进入了寻常百姓家。值得强调的是，除了日用品，萧山花边还设计出了纯粹的艺术品，比如1972年美国尼克松总统访华，杭州送给他的礼品就是一幅大型西湖全景花边：三潭印月、苏堤春晓、宝石流霞……作品共用线12万支，手工挑织达3000多万针，让总统先生非常震撼。据不完全统计，20世纪70年代萧山花边每年产值3000多万元、利润200多万元，在当时无异于天文数字，而挑花技艺成为萧山姑娘尤其是沙地女孩最重要的傍身术，甚至"陪嫁"，也就顺理成章了。

花边是在厂家发放的花样纸上挑的，为了便于操作，花样纸背后还要衬一层厚牛皮纸或油纸。花样纸上用虚线浅浅地描着花样，需先照着一针针低缀好花线，再用实针、旁步、网眼、花栅、串线等各种针法完成整幅作品。其针法讲究细密、匀称、素净，初学者或手笨者往往把花边挑得七零八落脏兮兮的，故而技艺不精的女人只敢挑焦黄不易脏的麻带花，而白线花则是巧手女人的专利。花挑完后还要拆花边，就是把缀花样时钉在牛皮纸或油纸上的线脚挑断，把断线头一一抽出，然后把整张花边从花样纸上揭下来。这道工序往往交给孩子们，是他们赚取零花钱的途径。毋庸置疑，在当时的萧山，挑花边是沙地女人最重要的生存方式，甚至直接影响其终身大事——相亲时往往要看姑娘挑花边，相亲的人不重面容不看身材，只看挑花动作娴熟与否和所挑的花样是繁是简。于是，有的女孩还会特地向巧手闺密或姐姐、嫂嫂借一张复杂的花边半成品，相亲时拿在手里挑最简单的旁步，以撑门面。外地嫁过来的女人自幼不曾经过挑花训练，在村里自然是抬不起头的。据说，有个外来媳妇直到女儿十岁才挑得一手好花边，终于挺起了腰杆。

20 世纪 70 年代的一个秋日，母亲带我去参加一场婚礼。新房里的每件家什都用花边装饰了，十分雅洁温馨——床上是花边床罩和床沿巾，餐桌的玻璃台板下是花边桌布，茶盘茶杯上是花边茶巾，沙发和扶手椅上也都是精致的花边垫子。不懂事的我和小伙伴们爬上沙发去玩，还嚷嚷"阿姨家的东西都和我的书包差不多哎"——我那时刚上小学，书包是外婆手制的，内层是水红色的的确良，外层是萧山花边，美观、耐用。新娘子不仅不怪我们弄歪了沙发巾，还许诺："等阿姨有空，挑一套花边衣裳呐（你）穿穿。""不要不要，你哪里有空啊，连自己结婚的东西都没来得及全部做好呢"，母亲急忙推辞，因为大家都注意到了沙发套还是半成品。"不要紧的，我一定说到做到。"

新娘阿姨重诺，多年后，闻听我考上了华东师大，已是两个孩子母亲的她专程赶来送我一套花边套装，燕子领衬衫加 A 字过膝裙，文

静雅丽而不失青春活泼，走到哪都有人问"哪买的？"——她是母亲抢救过的病人，心灵手巧，衣裙之外，还附赠精巧的小伞和零钱包。母亲说，阿姨是瓜沥人，和许许多多沙地女子一样，靠双手挑花边成为家庭的经济支柱——当时一个女人挑一个晚上花边所挣的工分相当于一个男劳力一天的工分。于是，妇女顶起了大半边天，女孩子从小学挑花，既帮衬家里又积攒嫁妆，家家户户的孩子在母亲"忽喇、忽喇"的挑花声中长大，而洗衣做饭、喂鸡鸭猪猡的家务则理所当然地由男人承包了，形成别处农村很少看得到的别样风景。

负笈沪上时，我的行囊里，除了萧山阿姨馈赠的花边套装，还有照着外婆的老照片做的两件旗袍。私心里，我很想央阿姨给我定制一款花边旗袍，但阿姨挑花担负的是全家人的生计，母亲说决不可开这个口。"等旗袍重新流行了，萧山花边厂会生产花边旗袍的，你等着吧"，母亲如是说。此言非虚，那以后旗袍委实越来越普及，成为当代知性女性的礼服和常服，只是，我翘首盼望的萧山花边旗袍却始终只是耳闻，却从未目睹。2011年10月10日，《杭州日报》西湖副刊刊载署名蔡玉菊的《关于"萧山花边"的往事》一文，作者说："上个世纪七十年代初，我初中毕业进了向阳丝织厂（今福华丝绸厂）做挡车工，那时人们穿的衣服都只具备遮体及保暖功能而不具备其他任何功能，所以极显单调。同车间的张金花因为家庭生活窘迫，拟把一件她自己在'文革'前穿过的短袖衬衣以五元钱卖掉，我一把抢了来——要买的人多啊！"当时学徒工资只有十五元的作者喜滋滋地穿上这件领子边缘及前胸都点缀有萧山花边的白色收腰裙摆式衬衫，走在街上颇为吸引眼球，被小姐妹调侃道："你穿得噶'黄色'，后面跟了整整一个荣誉连！"这个细节，看得我微微含笑，忍俊不禁——祖母家离福华厂很近，也许，小时候我曾见过穿着"黄色"白衬衣行走在庆春路上的蔡玉菊也未可知呢。这件美衣，蔡阿姨也应该始终未曾丢弃吧？！

20 世纪 90 年代后期，萧山花边随着劳动力的迅速转移而受到了极大的冲击，挑花人数骤降至不足两万，传统手工"万缕丝"的生产量也以每年 20% 的幅度下跌。1998 年，销售业绩下滑的玫瑰牌萧山花边在省名牌产品复评中落榜，花边业步入低谷。为了让花边重现生机，一些花边企业将手绣改为机绣，从日本引进自动拨式绣花大机。这种有 1470 多枚针的机器一转动就相当于 1470 台缝纫机同时连续操作，让萧山成为中国抽纱制造业中心，2005 年，萧山被命名为"中国花边之都"。当然，机器的普及也意味着手工花边更加是"限量款"奢侈品了，不必说我家小妞这样的"00 后"，即便是土生土长的萧山"85 后""90后"，也大都不识萧山花边为何物。我的花边旗袍梦便越发遥遥无期了，只好买了块米白的针织披肩聊慰"相思"——真正的萧山花边披肩，也只在图片上见过。

10 年前，徜徉威尼斯街头，我蓦然撞见了"故人"，惊喜莫名——两把"我的"小伞在一家小店的橱窗里与琉璃瓶盏们相伴，娴静而温雅，霎时间恍如回到了学生时代——当然，我很清楚儿时处处可见的萧山花边已悄悄从我们的日常生活中消失多年，异国店主装饰橱窗的花边伞大概率并非出自萧山女子之手。于是，伫立水城静谧的小街深处，一丝惆怅慢慢袭上心头。

好在，美的力量总是永恒的。和从浙江走到大上海、走向全国全世界的另一浙江"土产"越剧一样，萧山花边在若干年的沉寂之后迎来了崭新的发展阶段。2000 年，西博会前，工艺美术大师赵锡祥决心把所有的针法、制作工艺都记载到一件作品上，为后世研究萧山花边提供实物。他花了整整十个月时间设计出画稿，随后遍访乡村，请 68 位老太太花了半年多时间，用 1450 万针绣出 820 朵形态各异的花卉，并巧妙运用绕、抽、拉、镶、拼等技法，以及旁步、网眼、花三针、绕十针等三十四种传统针法，将图案与布缝自然镶接得天衣无缝，该作品荣获 2000 年杭州西湖博览会首届工艺美术精品博览会金奖。而赵大师的徒弟、萧山花边非遗传承人王丽华则创造出了彩色的萧山花边作品。

然后，借 2010 年上海世博会和 2016 年 G20 杭州峰会的国际舞台，萧山花边惊艳亮相，让全世界看到了她的构图严密、技艺精湛、工针多样和精致结实，其种类主要有"万缕丝"（纯棉线制品）、镶边（"万缕丝"和织物绣花相结合）及机手结合花边三大类，品种则有床罩、台毯、盘垫、披肩、衣裙等三十多种，其中，最名贵的"重工万缕丝"有露有藏、层次分明、富丽大方。

如今，虽然萧山挑花女越来越少且都已上了年纪，但工艺美术大师赵建忠、非遗传承人王丽华和她的徒弟符曼倩，还有民间工艺大师戴水珍等，都在不遗余力地传承和推广萧山花边。他们或办博物馆，或走进文化馆和萧山的各个学校，在年轻人和孩子们心中播下萧山花边的种子。或许，我的花边旗袍梦披肩梦终将成真，我一边在网上搜索萧山花边的图片指给小妞看，一边闲闲地想。

"我想要一把小伞！"小妞撒娇。

我打开万能的某宝，在搜索栏输入"萧山花边"四字，不料结果竟连一页都不满，且大部分是一本内容是萧山花边、书名却叫《绍兴花边》的书。实物极少，且其中一部分其实是机器蕾丝花边，估计是温州、义乌货。好在，浙江摄影出版社出版的《中国民间博物馆：萧山花边艺术馆》一书的封面上是一把麻色的花边工艺伞，尚能勉强为小妞解惑。"这样吧，我用剩下的桌布给你做一个小包包，拿一对景泰蓝的手镯做把手，正好配你的背带裙"，无奈，我"急中生智"如此"搪塞"小妞，"再做一个发圈，好吗？"见小妞点头，我又加了一句："抽空带你去萧山看花边博物馆哦，等开学，你还可以把花边的故事讲给同学们听。""嗯"，喜欢听故事也喜欢讲故事的小妞郑重地点头，和我一起许下一个关于萧山花边的美好心愿。

许家南大房的鸡冠花

涂国文

已有多少个年头没有见到过鸡冠花了？这些年来，在各处的城市公园，诸如郁金香、芍药、三色堇、樱花、玫瑰、棣棠、珍珠梅、美人蕉、牡丹、天竺葵、蕙兰、碗莲、复色菊等花卉倒是见过不少，但鸡冠花，印象中真的多年没有见到过了——或许也曾与它相遇，但被自己漠视了也未可知。

鸡冠花与映山红、红花草，是出身于农家的我最早认识的三种花草。记得小时候，在我家院落一角，摇曳着几株形似大公鸡鸡冠的绛紫色花朵，父亲告诉我，它叫"鸡冠花"。上学后，听村里的老塾师徐先生说，明代我们江西才子解缙写过一首《咏鸡冠花》的诗，诗云："鸡冠本是胭脂染，今日如何浅淡妆？只为五更贪报晓，至今戴却满头霜。"鸡冠花竟然引得才子赋诗？好奇的我，从此喜欢上了鸡冠花。

与鸡冠花睽违多年，毫无征兆地，这个夏天我们去萧山瓜沥采风，在党山镇许家南大房，竟意外地见到了鸡冠花。

——那一刻我的内心有重逢故人的惊喜。

许家南大房坐落在党山镇老街南端，由旧时党山望族许氏家族始建于明万历年间，距今已有 400 余年历史，是一座拥有四进三天井一后院的大宅第，为浙江省内迄今为止保存最完整、规模最大的明清古建筑。

尽管这些年来参观过不少特色古村落和古宅，然而当我们一行人穿桥绕巷、汗流浃背地终于来到南大房门前时，面前这座坐南朝北、庭幽进深、廊腰缦回、规模宏大的沧桑古宅，依然让我惊艳。

让我惊艳的不仅是气势恢宏、瑰丽照人的古建筑，还有那从天井石板缝里齐刷刷地钻出来的鸡冠花。

当我们迈入门楣上镌有"大夫第"三字的南大房台门斗，依次参观完门厅、和正厅，继续朝前游览时，里面天井里一行行整齐排列着的鸡冠花，令我心旌摇荡。

这是介于正厅与内宅之间的一个正方形大天井，穿堂而过的甬道，将它平分为左右两半。两边地上都整整齐齐地铺满一尺见方的石板，石板缝里，笔直地爬伸着一条条绿色的草带。草带之上，则是一行行几乎是等距排列的血色鸡冠花。

第一眼远远看见它们的时候，我还疑心它们是一片罂粟花。那么热烈，那么浓艳，那么妖冶！当下心里这样嘀咕：这个时代还有人竟敢违法种植这种植物啊？赶忙趋近一看，才知道自己差点闹了一个笑话。待到看清它们是鸡冠花时，见一株株排列得那么整齐，我又以为是人工种植的。屋内有位住户告诉我，它们都是从石缝里自然长出来的。

那是怎样一片争奇斗艳的鸡冠花啊！简直就是一座小型的鸡冠花花圃。一株株，笔直地挺立着，头上都顶着一个浓艳的花冠，像燃烧的火焰，又像一只只不死鸟。南大房的高墙深院，挡住了阳光与风；

大块的石板重重地压着它们，霜雪欺凌着它们，脚步践踏它们，它们却顽强地寻找生命的突围，从一条条石缝里拱出地面，在静默无声的岁月里悄然启绽！

"亭亭高出竹篱间，露滴风吹血染乾。学得京城梳洗样，旧罗包却绿云鬟。"宋代诗人钱熙在诗歌《鸡冠花》中，这样描述它。

"霜雪频经过岁华，芬芳浓艳胜诸花。娇红谁说无多子，似汝娇红子倍加。"清代诗人傅于天在诗歌《鸡冠花》中，这样歌赞它。

"方其炎蒸甫歇，金风乍飔，群株炫采，烂焉盈枝。尔乃瘦梗寒条，较芙蓉而更寂；疏根朗叶，对篱菊其多思。似班姬退处夫长门，如判萝幽闭乎西施。迨夫青霜降兮木落，白露漂兮草萎。众卉兮凋谢，尔独映乎条枚。凉飙凛凛兮，摧之不能摧；风霰飘零兮，欺之不可欺。尔于是强项独发，傲骨生姿。朱紫奋采，黄白争奇。"明代文人仲弘道，专门为它作《鸡冠花赋》。

望着眼前这一片烂漫的鸡冠花，我不由得想起南大房的前世今生——

许氏家族不是党山的原住民，《许氏宗谱》记载，明朝正德年间，许家始祖许承一从绍兴马鞍亭迁徙至岳父家所在的党山，结庐于皇塘以北的沙滩上，以种田和晒盐为生。家族传至第四世时，已繁衍成八房，许承一因担心钱塘江江潮，便在皇塘南面、里河北岸建造了一排楼房供八房分居，世称"老台门"。后来八房中的大房许魁率先弃农经商，致富后于万历年间，在老台门对面、里河南岸营造三进宅居。因宅子是大房所建，又在老台门的南面，故名"南大房"。至清光绪年间，许氏族人又增建第四进屋宇，形成一种大四合院的宏大格局。

遥想当年，为了谋生，许家始祖许承一带领家人从外地迁居党山，与恶劣的自然环境展开搏斗，从沙地和江潮中夺取糊口之食，靠着吃苦耐劳、不折不挠的，一步步走出生活的泥沼。至八房大房许魁，勇于求变，搏击商海，终于使日子变得殷实起来，最终使家族成为传承了四百多年的党山望族。他们的奋斗之路，真可谓筚路蓝缕。从许氏家族的创业史中，我俨然看到了一种顽强不屈的"鸡冠花精神"。

在俗称"九开间"的第四进右厢房一间悬挂着"别有洞天"匾额的居室门口，我们见到了仍居住在南大房的许氏十五代孙许绍雄先生。届已八十一岁高龄的许老先生，充满激情地向我们介绍起南大房的历史以及他与南大房的情缘。许老先生说，他1960年高中毕业后，就从上海回到了祖籍党山南大房，再也没有离开过。近年来，他不仅积极协助政府有关部门搜集、整理南大房的文史资料，还为四面八方慕名而来的游客义务充当导游和讲解员。

许先生在讲述这些的时候，表情激动，神色自豪，并不时配合着有力的手势。看着眼前这位南大房的"守夜人"，谁能相信他曾在"文化大革命"时遭遇过不公正对待，近年又罹患癌症，动过两次手术？听完许老先生的讲述，我由衷地为他送上了"仁者寿"的赞美和祝福。那一瞬间，瘦高身形、满头银发、精神矍铄的许老先生，在我眼里，幻化成了一株行走在南大房的白色鸡冠花。

"如飞如舞对瑶台，一顶春云若剪裁。谁为移根蒉葑畔，玉鸡知应太平来。"（宋·王令《白鸡冠花》）

"何处一声天下白，霜华晚拂绛云冠。五陵斗罢归来后，独立秋亭血未干。"（元·姚文奂《题画鸡冠花》）

南大房的鸡冠花，盛大美丽，花团锦簇。它们是从审美中长出的奇葩、从祥云中飞出的凤凰，一如南大房瑰丽的建筑艺术——南大房规模宏大，四进三天井一后院，83间房，占地面积近3000平方米，虽经几百年沧桑岁月洗礼，基本格局仍保存完好，这在现存古民居中是不多见的。一道逶迤的粉墙，束带一样将墙内的厚石粗木、奇构异雕和烟火日子、爱恨情愁，捆扎在静好的旧时光里。连片的屋顶上，鱼鳞般的黛瓦奔涛涌浪。院落空间方正，布局完整合理，体现出一种威严、温情而富有凝聚力的宗法秩序。梁间木雕斗拱镌有灵芝、如意、和合、玉鱼、鼓板、钟磬、龙门等图案，粗犷简约；牛腿上蝠飞、鹿鸣，松挺、鹤舞，栩栩如生；门扇多为花格，裙板上雕有历史人物；窗扇多为漏窗，饰以冰裂纹；砖雕多采用透雕手法，虚实结合，线形优美简洁；石雕皆粗粝劲刮，璞拙大气……整座南大房，恰如一幅令人迷醉的艺术图卷。

"仙葩轮菌蕊珠团，疑是文禽顶上丹。纪渻养来形似木，独留绛帻倚阑干。"（清·成鹫《咏鸡冠花》）

"一枝浓艳对秋光，露滴风摇倚砌旁。晓景乍看何处似，谢家新染紫罗裳。"（唐·罗邺《鸡冠花》）

如火绽放的鸡冠花，在一片片翡翠般的绿叶衬托下，显得格外娇媚。正如南大房在流水的衬托和护佑下，才拥有了流芳数百年的风雅韵致一般。

党山老街河流纵横交织，南、北、西三面均有河道，沿河有十几座河埠，桥梁众多，许家南大房就是被一湾河水围绕的许氏家族居住的大宅第。出南大房的南门，不远处，有一条自南往西，与北面里湖河相通的小河道，即为许家专用的水路。南大房平面布局与北方的四合院大致相同，采用的是"四水归堂"式布局，雨水全部锁定在三大天井中，寓意"财不外流"。水是生命和财富的隐喻。正是因为有了水，才有了生命，有了财富，有了南大房的致富传奇。

徜徉在青砖黛瓦、古色古香的许家南大房，流连于嫣红的鸡冠花丛旁，这一刻，我感受到了一种沉醉。

"秋光及物眼犹迷，着叶婆娑拟碧鸡。精彩十分俨欲动，五更只欠一声啼。"（宋·赵企《咏鸡冠花》）

"幽居装景要多般，带雨移花便得看。禁奈久长颜色好，绕阶更使种鸡冠。"（宋·孔平仲《种花口号》）

党山雅事

黄建明

党山，是一座山，又名碧山，海拔 24.3 米，志书记载"石色碧润，四时不易"，远看像一朵蘑菇，翠翠的色彩，一年四季不容易改变。党山山顶原有始建于清嘉庆九年（1804）的镇海殿，今移址重建。其飞檐翘角，规制恢宏。山顶北侧，有碧山仙洞，洞口如井，相传下通东海。

如此秀色可餐、娇小可爱的碧山，为何又叫党山呢？这要从钱塘江说起。

古时，钱塘江波涛汹涌，水灾不断，两岸百姓吃尽苦头。于是，筑堤不断。碧山也是天然的挡水物，所以碧山又叫"挡山"，后来就演化为"党山"。所以从这个意义上来说，党山，是一条天然海塘，是"萧绍海塘"的一部分。

党山，是一条街。当地人在海塘两侧形成集市，当然是先有萧绍海塘，后有党山老街。

萧绍海塘当时叫"皇塘"，表达的可能是两层意思：一是"皇"在古代有"大而美"的意思，萧绍海塘是鱼鳞石塘，非常坚固、气派，

的确是大而美；二是"皇塘"是在乾隆帝主持下修建的。乾隆帝六下江南，你以为是来玩的，他是来干事的。乾隆自己也说："南巡之事，莫大于河工。"

从乾隆二十五年（1760）开始，钱塘江海潮北趋，乾隆皇帝从"海塘为越中第一保障"的认识出发，柴塘全部改筑为鱼鳞大石塘，以期一劳永逸。他甚至强调，不要考虑开支，"申命重相勘，莫虑国帑费，庶几永安澜"。看来，乾隆是一个务实的人，南巡确实办了一点实事。浙江海塘是乾隆一生的杰作。《钦定四库全书·海塘录卷八》载："成化杭州府志去海宁县东六十二里，濒海高九十九丈，周一十里，北距智河岭，山有白鹇，文雉山萃，崒嵂起亚，如金牛南临大海，上有高峰，周一里最为险要，建烽堠墩台于上，嘉靖总制胡宗宪阅兵龛赭，徐文长渭从之，共阅龛山战地，遂赋观潮诗。"徐渭全诗如下："万松滴千山，妙翠不可染。割取武陵源，固是天所遣。秦人迹无有，云中叫鸡犬。夜泊鱼舟来，下山寻不见。"党山巅设烽堠的作用是报警防汛之用，属绍兴三江城守营，后因江道变迁，烽堠失去原作用，此是后话。

嘉靖三十五年（1556）八月十七日，作为金都御史、总督浙江军务胡宗宪的书记徐文长，陪老师季本等在坎山视察战地之后，来到党山山顶观看涌潮，赋诗《丙辰八月十七日与肖甫侍师季长沙公阅龛山战地遂登冈背观潮》一首："白日午未倾，野火烧青昊。蝇母识残腥，寒唇聚秋草。海门不可测，练气白于捣。望之远若迟，少焉忽如扫。阴风噎大块，冷艳拦长岛。怪沫一何繁，水与水相澡。玩弄狎鬼神，去来准昏晓。何地无恢奇，焉能尽搜讨。"

从这次赋诗来看，越中大才子徐文长是偏爱党山的。

但这位大才子，在萧绍一带民间的口碑并不好，据说其有许多"恶臭"之事，完全不是"名士"做派，倒像是民间的小混混。历史就这样编排了大才子，而大才子却没有辱没历史。从当地传下来的故事里，可以看出徐才子的俏皮、睿智，不失童真。他重铸了中国古代文人"为天地立心，为生民立命，为往圣继绝学，为万世开太平"的灵魂天下，唤醒了忧国忧民、为民请愿的文人责任感，以及思索如何救国救民的方略。所以说，党山正因为有了徐文长不经意的遗诗，才有了穿越时空的仙气。

当然，党山也值得徐才子偏爱。

除了钱塘江的潮水，党山的河道、古塘、房子、古桥，乃至不紧不慢流淌的水，无不透出越中秀色。

江南古镇多临水，党山也不例外。河叫街河，是一条念旧的河，因背靠老街，所以在党山，此河俗称"街河"。它与一般的江南古镇不同的是，背靠老街，并非在河的两岸建设商业市镇。说它念旧，是因为它从绍兴柯桥区安昌镇进入萧山党山，过益农镇，最后弯来弯去，又回到绍兴柯桥区马鞍镇去了，一支流入曹娥江，一支流入钱塘江，只是在萧山做了一回客。里湖与街河形成了"丁"字形，其中一竖的是里湖。里湖虽说叫湖，实际并不是湖，而是一条河，它直通绍兴安昌，在萧山境内长约1300米，宽约13米，深约1.4米。萧山东片的河，名称比较奇怪，笔直、有力，与众不同，一般叫某某横河、某某直河或某某湾，直来直去，以人工挖掘为主。但把河称"湖"的仅此一处。原因是旧时当地人称萧绍海塘南为里湖，北为外湖，该河沿萧绍海塘南边，所以"里湖"一说流传至今。里湖是绍兴西小江支流，20世纪70年代以前，有轮船西通萧山，南通安昌下方桥、绍兴，东达斗门镇。作为联系绍兴和萧山的河流，它承担起货运客运重任，热闹一直延续到21世纪初。前几年，在街河、里湖，还能看到敲锣打鼓的娶亲船，从绍兴方向驶来，经过繁华的里湖、街河，吹吹打打，热闹非凡。

街河上有三座石桥，它们分别以"福、禄、寿"命名。从东往西分别为迎福桥、永禄桥、延寿桥，反映了古人对美好生活的向往。这几座桥梁都是南北走向，但在迎福桥的西南角，有一座小石桥，却是东西走向，它与迎福桥南桥头相连接，形成90度角，这座桥梁叫永福桥。永福桥也称小桥，这是相对于党山大桥（迎福桥）而言的，它跨小湖，全长近10米，东西桥堍各有八级踏跺，面北的桥额上阴刻了"永福桥"三字，但没有刻下具体年代。据萧山著名学者王建欢老师考证，此桥建于清代。

萧山由于经济繁荣，拆旧建新的速度非常快，因此，在萧山，真正意义上的古镇已经消失殆尽。现存的古镇，经过时间的消磨，衰落也在意料之中。如欢潭，原"丁"字形的千米长街，断为两截，长度也只剩一半，且店铺全部关门。如十里长街坎山，被几条宽阔的马路硬生生地切成了几段，偶尔有几家店铺还在苦苦支撑，成了外地人的出租屋，20世纪八九十年代的热闹早已不复存在。有些过去闹猛的古镇，通过属地政府强有力的"保护"，投入巨资改造，也大多面目全非，没有了乡野小镇的趣味。如楼塔的民国风、河上的现代喜感、失去肌理质感的衙前，都已经失去了江南水乡原有的细节；瓜沥、临浦这些千年大镇，在如火如荼的小城市建设浪潮中，被击得粉碎，印迹全无。这些越来越现代的古镇，无不象征着古越文化的落寞和现代审美的缺失。而这些东西看起来无关痛痒，恰恰是高速发展的现代化进程中，中国当下社会最稀缺的元素。而这种元素一旦遭到破坏，则无法逆转和复制。

而我眼前的党山老街，虽破败但无不堪，日渐衰落但无不伦不类，空气里飘荡着几百年前的繁华。虽说在经济发达的萧山，老街从繁华逐渐走向衰落很正常，但党山老街这种商业的蜕变，并没有消融老街的风貌，反而在独立的空间结构与鳞次栉比的店铺相互交错中，呈现出一种孤本的精彩。

是的，党山老街，是萧山古镇的孤本。

老街原本长千米，主街是党山路的一段，残存部分长约百余米。辅街与主街呈"丫"字形，名盐仓路，约30米长，已无店铺。"盐仓路"三字，可以推测当时这一带是食盐储存地。石板纵横交错，高低不平，纹理清晰，有家的味道，充满着世俗，这就是党山老街给外乡人的第一印象。两边店铺依旧，产品种类丰富，卖的是老百姓生活中常见的物品，有面盆、拖把、水桶、剪刀，有枕套、床单、窗帘，有洗漱用品、碗筷、油烛、油盐酱醋茶，还有卖煤饼、配钥匙的小铺子，都是百姓必备之物。甚至我还发现了一个钉秤花的手艺铺，旧时的秤是杆秤，需要给秤杆钉秤花，这手艺在萧山已基本绝迹，没想到还能在这里看到，真是难得。我想，老街也许永不会消亡，因为百姓需要它。

老街的排水也很有特色。漫步党山老街，你会发现整条古街没有一条排水渠，而是依照地形地貌，发明了"明沟排水法"，水顺着石板自然流走。老街是建在萧绍海塘上的，宽五六米，地势明显高于周边，有10条小弄，每条小弄二三米宽，10多米长，也是石板打底，街弄相通，连接着街与街河，雨水就从这些不起眼的小弄流到街河里。即使雨再大，石板街也留不住水。这种自然排水法，反映了古人的智慧。

只要结合两边还在经营的店铺，以及分析老街的排水，街河和里湖在历史上的航运价值和对商业的贡献，我们不难发现，在现代经济的浸渗中，这个看似会被现代人诟病的老街，突然变得理想和体面了。

当然，对于萧山来讲，这也是一个文化符号，我希望用一种外乡人视角的叙述来唤起历史上萧山文化特别是老街文化的一种追忆或者一种致敬。

这是我对贵气逼人的萧山古镇孤本的致敬！

瓜沥往事

沈烈文

　　母亲打电话来说，东恩大舞台，今天翁仁康来唱莲花落呢，你来不来？

　　莲花落之于我，就像大大泡泡糖之于我，那是小时候最向往的美事。瓜沥西街头的电影院，电影院前面的后花园，后花园的鲤鱼喷水，是个梦境一样的地方。那时，胡兆海名气更大，他一来，电影院门口的人像潮水一样，一浪一浪的。电影院里放得最多的是越剧，像《碧玉簪》《红楼梦》《梁山伯与祝英台》，还有《追鱼》，数不胜数。童年朴素的思想教育都从越剧里来，非常传统的做人与处世影响几辈人。

　　西街头是当时瓜沥最繁华的地方。很多杂货店，货品琳琅满目。还有碗店、钟表店、弹棉花的，卖棉布的，应有尽有。母亲顶外公的职去瓜沥西街头的面店做营业员，我还小。母亲偶尔带我去上班，在柜台爬上爬下。有一位很厉害的叔叔，每天头顶个晒箕，上面放满了潮面，沿街去叫卖。他也会把我抛上身，骑在他的肩头逗着我玩。小时候蛀牙难受，母亲答应我只要拔了蛀牙，就给我买苹果吃。开始的恐怖事件最后成了一桩期待经常发生的事情，西街头四八国营饭店的老板见我吃苹果就会问我，"今朝又拔了一颗？"我又高兴又伤心地告诉他："嗯，最后一颗了。"

母亲离开面店之后去了瓜沥绳索厂。我有了一个弟弟，母亲一早会带着弟弟和我去上班。络麻晒干之后有一部分卖给绳索厂。络麻在石水池里浸泡变软后，就拿到车间里，摇绳索的机子套上络麻，手工不停地旋转，绳索就源源不断地出来了。弟弟和我还有别的孩子在络麻堆里捉迷藏。

快乐的时光总是短暂。绳索厂不久关闭，母亲回到航民村。

我的母亲是一个土生土长的航民人。而我最大限度也只能算半个航民人，因为我的父亲不是航民人。七八岁的时候，穿过一条新掘湾河，有一条通往外婆家的泥路，坑坑洼洼的。弟弟曾经在那条路上打翻一个蛋糕，学会了撒谎。蛋糕是外婆送的。母亲在很久之后才知道外婆送的蛋糕被弟弟扔在路上，弟弟少不了挨了揍。那时候，我也怪弟弟，现在想来，那条路是多么崎岖不平，让刚学会骑自行车的弟弟运一个蛋糕又是多么困难的一件事情。

后来，泥路铺上了碎石子，后来，又浇上了水泥。路平了，宽了。弟弟的车技也提高了。车的前杠上坐一个，车凳子上坐一个，弟弟坐在书包架上驮着小伙伴们笑啊笑。我们在渠道沟里捉小鱼小虾，摸螺蛳，钓黄鳝，在田间地头学着大人的模样过家家。大自然是最好的游乐场。我们玩累了，饥饿便接踵而至。那是一个不知道饱为何物的年代。父母赚一天的工资也只能让家人勉强度日，所谓零食是我们自己寻觅的山间野果。

航民集体经济的发展壮大解决了周边很多家庭的收入问题。我们

因此留下，没有离开，因为这片热土滋养了我们。父母亲任劳任怨，脚踏实地，把一生中最美好的青春年华都奉献给了航民，航民也给父母创造了优裕的生活条件。如今，他们都已退休在家，安享晚年。

我的家乡是与航民村毗邻的东恩村。东恩的由来是取毛泽东的"东"，周恩来的"恩"而成。东恩由六个小组组成，分别是庄里沈、郑家桥、倪门里、山下王、坞里朱和坞里王。这几个名字顾名思义就是小组的人按姓氏群居约定俗成的。六个小组像六个花瓣，形成一朵梅花，聚于山脚下。东恩是一块风水宝地。它背靠航坞山，三面河网密布，纵横交错。航坞山上白龙寺，相传已有千年。

读书时，我们经常去航坞山上寻宝。白龙寺附近，有几个碉堡，呈圆形，一半埋进土里，一半露出地面，有几眼很小的窗口，人爬不进，那当时人是怎么进去的？还有一处隐秘的防空洞，走进去，潮湿阴冷，不知道通往何方。白龙寺观音殿里面有一口井，听说通往钱塘江，怎么通往钱塘江，我很好奇，至今还是未解之谜。

农村里的人往城里赶，城里的人又向往农村。有没有一种生活，既可以在城里享受生活学习上的优质资源，又可以吃上农村里最放心新鲜的瓜果蔬菜？答案当然是肯定的。现在很多"70后""80后"，生活工作在城里，双休日回到农村老家，去的时候汽车后备厢空空，回来时，装得满满当当。父母不喜欢待在城里。用我母亲的话说，像个鸟笼一样，气都透不过来。他们喜欢住在有土地的地方，有一块可以种点瓜果蔬菜的地方，有院子可以晒东晒西的地方。年纪大了，一天到晚想着孩子们，什么时候可以回来，天天盼着，越盼越失望。土地成了他们最贴心的寄托。

离开了故乡，就有了故乡。我的故乡在瓜沥。瓜沥小城镇试点改革粗具规模，城乡统筹与时俱进，我们可以同时享受城市的便捷服务与农村的青山绿水。大名人翁仁康来瓜沥，回到家乡唱莲花落给家乡的人听。我也要赶紧回家去。

说瓜沥老街

赵　莹

　　其实，走入瓜沥，能明显感觉这座城镇复杂、多变的气质。七彩小镇、商业中心地段是现代化的都市风，里面充斥着年轻人喜闻乐见的商店、电影院，还有体育馆。自从创造 101 总决赛在这里举行后，许多人对"瓜沥"这个名字逐渐有了清晰的印象，也自发把它作为新区的主阵地。尽管这里发展迅速，但是在瓜沥人心中，还是更愿意将哥德曼附近的地带定义为"瓜沥新区"，这里的公交站牌更是证实了这一点。沿着东灵路一路前行，遍地都是热闹的街铺，奶茶店、炸鸡店、音像店等不胜枚举，深受学生等青年人的喜爱，在东灵路与航坞路的交叉口，还有许多人年少时的记忆——报刊亭和邮政银行。自打我有记忆以来，报刊亭始终屹立在街口，尽管面积很小，但总有最新的报纸杂志，瓜沥人也总喜欢在那里挑几份报纸，带回家去。二三十年前，瓜沥这块地儿可没有现在那么先进的邮递方式，大家总会写上几封信，在报刊亭里买上邮票，一般五毛就行了，然后顺路塞进邮政银行旁的邮筒，就可以放心回家去了。如果是休息天，大家约莫还会走入一旁的东方大厦，去那里采购，每当整点时分，顶楼的大钟就会发出洪亮的钟声，

即便是住在稍远些的人家，都能清晰地听到声响。尽管后来东方大厦经营不善倒闭，里面的店铺也是几经更换，但是直到现在，这里的大钟仍然屹立在顶端，将钟声送至千家万户。所以，把这里称为瓜沥的新区丝毫不为过。

而在瓜沥的东片，却是一处安静的存在。这里被当地人称为"老街"，在20世纪七八十年代，也是瓜沥的繁盛地带，它拥有极其便利的水路交通——船闸河的流水承载了密密麻麻的船只，人们运送围垦所需的石头，带去安昌、华舍等绍兴地域。在今瓜沥老菜场南，原农药械厂的河边还有一个殿下埠头，埠头很小，稍大一点的船只就无法靠岸，在此靠岸的以挂桨机船、摇橹船居多，通常运送水果、水产等货物到萧山等地，为了方便往来的行人，附近还开设了瓜沥国营饭店（俗称四八饭店）。饭店一层专门用来招待吃饭的客户，二层摆着各色冷饮，如绿豆汤、木耳汤、赤豆汤等。作为瓜沥当时唯一的一家饭店，四八饭店自然是吸引了许多人慕名前来。老街的客运交通亦十分发达，在后花园那里，就设有瓜沥老汽车站。那时要去萧山、杭州等地方，都得去那里坐招手车，后来招手车慢慢变成了快客车、大巴车，然后老汽车站慢慢没落下来，那里最终成了现在的小饭店和修理店。尽管年轻人已对当时的盛况不甚了解，但只要向老一辈的人问起"后花园"，他们总能念叨起当时人来人往、热闹兴盛的模样。除了老车站，老人准会说起当时的老电影院。老电影院也在车站边上，那时候小情侣们常会来这里约会，花个几毛钱买张电影票，然后就兴冲冲地到里面去看《小花》（刘晓庆主演）等电影，时髦得很！没有电影上映的日子，大家还可以来电影院看歌舞团表演，照现代人的生活方式而言，也是充满了娱乐色彩。

老一辈的瓜沥人生活并不单调，除了看电影，他们还可以逛逛供销大楼，顺手采购不少用品。供销大楼在镇里的面积不小，等同于现在的购物中心，分为家电区、副食品区和日用百货区，东西种类繁多，记得我很小的时候，还经常到里面去买小零食，运气好的时候还抽中了一只手表和一副拼图，可惜，去兑奖的时候供销大楼已经是人去楼空，彻底消失在瓜沥的历史中了，这件事一直让我遗憾至今，估计也是当年兑奖不成的缺憾吧！老街还有一座"天打桥"，名字很别致，在今瓜沥老菜场西，殿下路南。相传古时此地有河无桥，行路不便。一日，电闪雷鸣，一座彩虹桥横跨东灵寺江和刘家桥河上。百姓见之，无不膜拜。后集资建桥，取名"天打桥"，意为天打成的。不过"天打桥"的传说还有一个版本，这来源于《瓜沥地方志》，说的是一个富豪出

103

钱修桥，但是因为打雷下暴雨几次中断。最后富豪在修桥时被雷击中而亡，村民为了感念这位修桥的善人，于是把桥命名为"天打桥"。老底子的天打桥是石头桥，不光有遮风避雨的桥房，还有供人休息的靠椅，但因为抗战的关系，瓜沥的民众含泪把桥拆了，只留下光秃秃的石礅子，来延缓日军进攻的脚步。过河之后，日军把天打桥桥墩炸毁，直到 20 世纪七八十年代天打桥才得以重建。所以，现在的天打桥已经是重建以后的面貌了，后人无法再一睹当时的风采，但它的存在，始终彰显着瓜沥人民的勇敢无畏的精神与壮士断腕的意志。

因此，从当时来看，瓜沥老街确实属于闹市区，无论是经济还是交通，都让瓜沥人有了休闲的空间，这也构成了老街居民区繁多的城镇布局。如果途经瓜沥或者是来瓜沥走亲访友，从七彩小镇到瓜沥老街，就能看到一个城镇的成长与变迁。老区依然保持了旧时的风格，里面的建筑是低矮的平房，坐落于狭窄的弄堂中。夏季的时候，由于房屋的遮挡，弄堂里始终保持着凉爽，所以孩子们特别喜欢在这里玩闹，而老人就在旁边下象棋、挑花，眉眼中都是笑意，可谓："茅檐低小，溪上青青草，醉里吴音相媚好，白发谁家翁媪？"老街的弄堂很多，像大弄堂、新街弄等，现在居住的多以老年人为主，年轻的几乎很少会到这里入住了。随着老人的离世，弄堂里显得越发宁静、寂寥，平常经过的时候，老房子一般都关得紧紧的，偶尔有广播泄露出一丝声响，很快又被风儿吹散了。其实不仅是这些弄堂，南桥那边也有不少老房子，它们沿河而建，以木结构为主。有些因造房时家境贫寒，所以将一楼空出，从二楼开始建"高脚楼"，充满古朴的色彩。遗憾的是，中间经历过几次火灾，老房子逐渐破败，有的甚至直接重建，不复当时的模样。所幸，站在南桥上眺望，我们仍能看到许多挺立在河畔的木屋，以及在河边洗衣、择菜的居民，仿佛一派"小桥流水人家"的风貌。虽然我们在旅游的过程中，走过乌镇、周庄等地，欣赏过当地的特色建筑，但心里一直惦念的，还是家乡的那一座座老房子，它们并未被开发，而是安安静静地，随着时光老去，留下满目的记忆与眷恋。

瓜沥——回得去的故乡

高　萍

"从前的日色变得慢，车，马，邮件都慢；从前的锁也好看，钥匙精美有样子……"木心先生的《从前慢》，仿佛是我青春全部的记忆。

随着年岁增长，越来越怀旧。身在高楼大厦林立之间，心总是向往小时候在农村的时光。我妈是瓜沥大园人，整个童年，父母都外出工作，我从小寄养在外公外婆家。所以，瓜沥也算是我的第二故乡了。

那时候的瓜沥大园还称为大园乡，美丽的风景应该和当时所有的乡间是一样的：一条弯弯的河流绕过半个乡，放眼皆绿，绿油油的庄稼打上了浅浅薄薄的露水。广袤的田野里有走不完的长长的田埂，偶有几个农民累了从地里站起来伸伸腰继续劳作。蓝色的天空带着几分湿润与柔婉，与黛青的山色合于天际。一个个简陋的屋舍静静地立着，屋前有大缸和水井，有葫芦棚和南瓜棚。

那时候的外公外婆还是青壮年，每天不知疲倦地干农活。自家地里空点就去别人地里干活赚钱，时常也带我一起过去。我们三个天还没亮就起床赶路，只有一辆自行车，外公推着我，外婆跟着，穿过几条羊肠小路，来到航坞山山脚下。这里有个农场主承包了好几亩地种黄豆。黄豆在我们这里又称毛豆，还是青色时老板就要摘下来卖，这个时候就需要有人来摘。外公用镰刀把整棵都割下来，外婆就利索地搬到一起，然后我和外婆两个就抓紧把青毛豆整节摘下来，摘一斤可以赚个一毛钱。外婆总是催促我快点摘，我用自己赚来的钱买棒冰。那个时候我也自豪过，毕竟可以自己赚钱了。

但有时我也总是想着偷溜，因为航坞山上有更大的诱惑。招呼上其他跟着家人来的小孩，五六个人就偷偷约着去爬航坞山。那时候的山路都是泥路，只不过正如鲁迅所说的，走的人多的路，踩出来的痕迹而已。和山脚下的燥热不同，我们一进山就凉快不少，一边爬山一边寻找好吃的好玩的。吃的是一种红果子，当时叫不出名字，现在水果店里有卖，但是人工培植的终究没有当时野生的鲜甜。

我们一路往上，蝉不住地聒噪着。终于来到了半山亭，调皮的几个会捡几颗石子在凳子柱子上刻字。有风吹来，望望远处，我试着寻找外公外婆的踪影，只看到几块豆腐干形状的地。我们继续往上爬，终于看到了白龙寺，三十多年前，白龙寺刚刚被萧山县人民政府公布为文物保护单位。我们看到的明代主要建筑物也还完整保留，寺前是交错的石板，三大殿门窗都是明代的雕刻装饰风格。白龙寺附近，群峰起伏，树木葱郁。口干舌燥的我们此时最感兴趣的是殿后的一口水井，也叫"暗龙湫"（又称龙井、隐泉），活水清洌，常年不干。从小耳濡目染听着这个传说，说这水象征龙潭，是龙的口水。喝上这个水，老人可以保健康，孩子喝了更聪明。当地人都很虔诚相信，我们几个好说歹说说通了寺里的周管事，都心满意足地喝了几口。许是心理作用，都感觉自己变得不一样些了吧。目的达到后，僵硬的小腿才让我们感

觉需要休息一会儿，我们来到寺门口的两棵大香樟下。那时候没有网络，没有丰富的书籍，孩子们最大的爱好当然是听大人们讲各种传说故事。我们几个听得最多的是周管事讲的这座白龙寺的来历。周管事其实应该成为一个民间故事家的，因为每次去听他讲，他都能讲出不同版本的故事，印象最深的故事是这样的：两千年前，也不知道是哪朝哪代，有两支兵马在这里交锋，两边的将领各自召唤了一条神龙助阵，最终一方惨败，被他们将领召唤来的白龙也是伤痕累累，于是白龙化成了凡人盘在现在白龙寺背靠的那座山上养伤。此时一位善良的姑娘（就是现在在正殿里有塑像的阮氏姑娘）出现了。阮氏姑娘精通医术，用航坞山上几百种名贵草药，治好了白龙的伤。白龙愿意为这位阮氏姑娘永远停留在这里，并为这里的百姓祈福，所以就有了这座寺庙。香樟树身极高，下半身被围成井字形，我们几个最爱沿着井口走路。当时还偶尔会有一两个工人在后墙修缮，休息之时也会来跟我们讲越王勾践的兵当时也驻扎过这里的故事，所有的故事现在回忆起来都是记忆犹新。回到山脚下时已是傍晚时分，只管忙碌的大人们不过问也知道我们去了哪里。

如今，大园村的大部分乡民早就搬进了瓜沥镇边上的新农村，我的外公外婆也已相继离世，熟悉的乡邻已经各奔东西。故乡只能以宁静的姿态存在于心里某个角落，上演在每个难眠的梦中。但是处在喧嚣和竞争的城市中，故乡始终是我心头的一方净土。每当精疲力竭时，回首想想那些停留在航坞山脚下的日子，就会涌上几丝安慰。

南宋人施宿所撰《会稽志》中记载了白龙寺与航坞山，说其"山北临钱塘江，登顶可望及海宁"。幼时记忆颇为模糊，十几年来城镇变化也极大。说不清楚是不是如古籍记载，但是就今日故地重游来看，放眼望去约莫能将整个瓜沥镇看个清楚。

沿途看到的新瓜沥已经是美丽新农村建设的典范，从曾经的羊肠小道，到如今风景如画的通村大道，从曾经错落建房，到如今美丽整洁的宜居村庄，短短几年时间，瓜沥镇发生了翻天覆地的变化。我们一行采风人来到航坞山，眼前的景象和记忆中儿时的不断进行切换，以前的灯塔现已改建成新塔，这座"纪念塔"是近年来所建，塔高约28米，共4层，主要用于陈列烈士遗物与英勇事迹。由停车场通往白龙寺的是石板路，石道两旁绿树掩映。修缮后的白龙禅寺，呈三进院落梯状分布。每个院落大气恢宏，门前不少香客在祈福。儿时玩溜坡的西侧已经成了大片茶园，放眼望去，排列整齐的茶树让人舒服之极。

难怪中宣部原常务副部长、知名乡贤龚心瀚在阔别数十载后，再到访家乡瓜沥，会留下了一句"最美的风景永远是家乡"的赞叹。如今的新瓜沥是数千年农耕文化的结晶，具有悠久的历史和深厚的文化底蕴，是物质文化遗产和非物质文化遗产的综合体现。

　　航坞山是瓜沥不可分割的一部分，政府在保留的同时对古建筑加以修缮与保护，让历史遗存与当代生活共融，让村落景观与人文内涵共生，让传统文化与时代精神共鸣，让其在与现代文明相融的基础上，守护好传统文化的根，留住那一抹"美丽乡愁"，使之散发出持久而经典的文化魅力。

　　我的童年，我的瓜沥。

躲进小楼做书虫

楼建文

初次去瓜沥，那还是在 1971 年的夏天，这一年的二月，父亲刚被调到瓜沥镇任镇党委书记。

那年刚放暑假，母亲就把我和哥哥送去了瓜沥，明面上说是父亲打电话过来叫我俩去瓜沥玩上几天，其实真正的原因我们心里都十分清楚，还不是因为调皮捣蛋的兄弟俩，经常会在外面闯祸。

那个年代，父母亲工作都很忙，没时间和精力来照顾我们这些孩子，所以每年一到寒暑假，母亲都会把我们兄弟姐妹分成两组，一组去上海或杭州母亲的亲戚家，另一组就安排去楼塔老家。而把我和哥哥送去父亲工作的地方让他来照管，这还是第一次。

汽车到瓜沥之后，来车站接我俩的不是父亲，而是一位比我们年龄长几岁非常质朴姓高的青年，他领着我们来到了瓜沥文化宫。文化宫位于塘头中街上的一座旧民宅里，台门很有气势，四开间两层楼的房子，有一个大天井，一楼、二楼全是木地板，这里原来是一户大户人家。改成文化活动中心后，一楼的两间大房成了乒乓球室，另两间分别是棋牌室和阅览室。二楼有一条大走廊，一字排开的四间房，楼梯上来的第一间是办公室，靠西的两间是储物室，第二间就是我们住的房间。房间比较深，分隔成里外两间，外间两边全是书架，堆了好几百册书，而里间靠近北窗户是一张书桌，两旁是各一张木板床，屋子中央还有一把吊扇，窗户的外面是一个大广场，瓜沥人称它为后花园。看来父亲还是花了点心思，虽然我们嘴上没说，但心里还是挺高兴的。不用与父亲住在一起，又有自己的小天地，还有一把吊扇，这在那时已是非常奢侈的享受了，再加上外间六个木制大书架上的中外小说，令人沉醉。

在瓜沥的那一段时间里，能见到父亲的日子并不多，他们这一代干部开会特别多，从大队、镇办企业，开到县里、市里，从棉花络麻开到计划生育，反正什么样的会议他都必须亲自参加。父亲只是给我们买好了镇委招待所的饭菜票后，管理我们哥俩的事情都交给了文化宫里唯一的管理员，后来成为萧山区委组织部常务副部长的高生良。

我们的暑假生活非常丰富，生良哥还给制订了粗线条的作息时间表，上午是看书、练毛笔字，中午午休后打打乒乓球或去殿下埠头游泳，晚饭后是自由活动，去操场打篮球，或者去看露天电影，其他的空余时间基本上都泡在了看书上。

文化宫在"文化大革命"中偷偷藏起来的好书还真的不少，记得整整一个暑假，我看得最多的就是那些竖排的繁体字外国小说，苏联作家高尔基、奥斯特洛夫斯基和俄国作家屠格涅夫、列夫托尔斯泰、果戈理的小说，还有法国作家巴尔扎克、雨果、大仲马、小仲马、莫泊桑的名著，英国的莎士比亚、奥斯汀、狄更斯……

当年我所看的那些书，对于今天的人们来说算不上稀罕，书店里、

网上到处可以买到，只要你想看就行。而在那个年代，很多中外著名的小说都被冠上了大毒草的标签，不要说市面上找不到，有了你也不能明目张胆地看。

就这样安逸地过完了两个月少爷般的生活，不仅人养得白白胖胖，精神面貌也发生了一些变化，我开始懂事了，从此一个崭新的时空被打开了。我不知道让我成为书虫是父亲故意为之，还是生良哥有意为之，但有一点是肯定的，他们都希望我能快乐地成长，成为一位有文化、有修养、有作为、对社会有用的人。

由于尝到了躲进小楼的甜头，在接下来的第二年、第三年的夏天，我都是主动要求去了瓜沥。三年的暑期书虫，让我喜欢上了书。几年后我参军入伍，在部队的那几年，最大的喜好依旧是书，每月的津贴省下来只为了买书，而当退伍回家时，带回来的是整整两大箱的书籍。在之后的几十年工作时间里，无论是在做工人，还是在做工段长、调度主任、集团公司副总，那少年时期养成的看书习惯，一直陪伴着我，让我的生命得以完整。

　　光景须臾，过眼年华，时间过去已经有些久远，20 世纪 70 年代瓜沥塘头的样貌，我能记住的东西并不多。只知道古塘上的大街分东街、中街和西街，那是一条带点弧形的石板路，足足有好几里路长，在并不宽的街两边，开着许多杂七杂八的小商店；还有古塘下面那些世家旺族的宽绰台门，那些大姓人家的祠堂，那些以姓氏命名的弄堂，那些普通百姓低矮的老房子，那些用石板石条砌成的长长的河坎、河埠头；还有瓜沥人柔顺谦和的待人接物，那一口近似绍兴方言的塘头乡音，那细软柔美的语气，尤其是女孩子说起话来嗲嗲的腔调。

　　还有，夏日的傍晚，文化宫两边中街上的热闹。人们用井水把石板泼凉，端出桌子、板凳，一家人就在街头喝酒吃晚饭；有的人家拿出躺椅、竹榻，点上蚊香，一壶清茶一把芭蕉扇，认认真真地对付这漫漫长夜。

　　还有，文化宫的小楼上，那盏 25 支光的电灯依然亮着……

岁月沉沙，古韵悠长

许萍萍

曾经，我和古宅许家南大房只有一座桥的距离。我住桥北岸的许家老台门，而它则在桥的南岸。

我在河埠头，洗手淘米戏水之际一抬眼就会看见它。我在北岸，或行走或奔跑或驻足时一侧目也会看见它。我在桥上，乘凉晒日光看舟行的间歇，一回眸也会看见它。

十岁时，我家搬到南大房的西端，这样每天上学放学，我都会从它的屋北和西侧路过。

所以，当年南大房之于我，仅仅只是一个日日能望见的老宅，是一个有着宽大庭院，高高木门槛和长长廊檐，楼上楼下住着不同人家的一个聚集性民居。年幼的人，根本不会去探究它的来龙去脉，我们感兴趣的是去老宅庭院里玩抢四方的游戏，去廊檐下木门后躲猫猫，去青石板上跳皮筋跳房子……那正是一个除了玩乐，连美丽的花格窗和墙壁上的光影都会忽略的年纪啊。不过也有一些不经意间就存下了烙印的人或物，在许多年之后想起来，仍能够追溯到过去的时光，像是重新感受了一次。

　　记得老宅的东厢房里，住着一户何姓人家，他们的两个女儿年龄与我相仿，但由于我们彼此都内向，从未打过招呼。每次去田间地头，我会路过她们家的边门。姐妹俩安静地坐在门口写作业，她们的桌子上总是摆着一台收音机。有时候路过那里，我会听见中央广播电台的小喇叭栏目正在响起"嗒嘀嗒嗒嘀嗒……"的片头曲。这时候，我会加快步伐跑回家，打开收音机，续听"小喇叭"。但若路过她们家门口时，小喇叭已经在播放孙敬修爷爷讲的故事了，我便会放慢脚步，偷听一会儿。她们家的屋子是暗沉的，姐妹俩也都沉寂，可是广播的声线很清晰，听到有趣的故事，我会蹲在地上，假装看蚂蚁，假装挖土，假装拔草，就这样一直把整个故事听完。那时候多么傻呀，不知道我这么做的时候，姐妹俩是否会偷笑。可也真是那个年纪，才是最纯美的时光。

　　南大房的百岁老人，我也记得。她像我的祖母一样绾着发髻，插一根纤细的银步摇。慈祥的老人看见我，总是会笑着和我打招呼，她应该知道我是谁家的孩子吧。老人的三寸金莲，裹进一双蚌壳式的布鞋里，她有时候拿着菜篮子去洗菜，有时候去收衣服，悄悄静静缓缓慢慢地行走，没有一点声响。但我总觉得那玲珑的脚印中，似乎有一串串轻巧的音符，在发出"的笃的笃"的脆响来，许是那脚，真的是太小了呀，小得似乎只有脚尖在碰击着地面。

　　暑假的午后，我们去南大房的次数会多一些，因为古宅里比较凉快。总是记得在最后一进屋宇的廊檐下，摆着三两把藤椅，老人们和闲着的大人们摇着蒲扇唠着家常，日头晒着天井里的晾衣竿，地上有衣服的影子在飘飞。小孩们的追闹声，案板上的切菜声，收音机里的唱戏

声忽远忽近地响着，生煤炉的烟味也会在这个时候袅袅娜娜地飘进鼻子里。那时的南大房住着三十几户人家，晚来灯火暖，家家有人影，有欢笑。但这几年去南大房，却再也寻不着当年那种蒸腾的烟火气了。

不过，古宅依然完好，它背后的故事也被越来越多的人讲起，那都是我甚至连我的父辈们也不知道的往事。

说起过往，不得不提起从绍兴马鞍亭迁到党山来的许家始迁祖许承一。明嘉靖年间，他迁来党山，结庐于北海塘以北的里花园（原党山老初中附近），以捕鱼卖盐为生。到了第四世，许家一共有了八房，因家丁的壮大，也因考虑到晒盐终究不是长久之计，加上那个地段或许会受海潮的影响，许家遂在北海塘以南的里湖北岸建造了一排两层瓦房，一大家子人都迁至此地（即"许家老台门"）。后来，大房许魁开始经商，把老台门西南端的小木桥修建成了一座三孔石桥——小时候我们把这座古桥叫三眼桥，直到近来我才晓得它有一个禅意且具有祈愿意味的名字——永禄桥。老台门和南大房都依水傍水，是典型的小桥流水人家，很是江南。若追溯到百年之前，永禄桥定是许家族人走亲访友，商讨家事往来的要道，它承担起了亲属家眷们的沟通和往来之重任。我记忆中的老街、小学、中学、老汽车站、商店、卫生院等等都在桥的北岸，生产队里的农田却在南大房以南。那时，南大房很多房子已经充公，住进了许多外姓人，他们是售货员，是医生，是老师，是会计……这些人每天都会经过三眼桥去北岸谋生计，而住在许家老台门的我的父辈们则每天要过三眼桥到南岸的田地里去干农活。小孩子也如此，住在南大房的孩子们去上学，必经三眼桥，而我们这些农家的孩子去田野里帮忙晒稻谷、拾麦穗、喂猪也得过桥。这座桥的每一天都很繁忙。轻盈的脚步，沉重的脚步日日都在它的身上行走过。北岸的人和南岸的人，也如鱼游水，在同一片流域，穿梭往来——古往今来，有多少党山人，在这座桥上留下过脚印，而桥，也因此变得更加厚重。如今我每次过这座桥，都会呆呆地站一会儿，或仰头看看天空，或低头望望流水，再去旧光阴里寻找一遍往事，回望桥边的风景——摇曳的芦苇、开紫白小碎花的苦楝树，河埠头浣衣的故人，枯水期河滩上的卵石，日光中闪烁着的波纹，夏日午后浸润在水中的欢笑，向晚桨橹归家的欸乃声……

南大房是许魁修建永禄桥后，在桥的南面买地建造的。那是明万历年间，南大房初建成三进屋宇，屋宇之间有天井，屋前有廊檐，凸显明代中晚期的建筑风格。屋子朝南而建，第一进为下人和雇工所居。第二进屋子有正厅，大气开阔，据说是接待宾客所用。第三进是许家人自己的起居室。到了清代晚期和民国初期，许家有了更多的后代，于是在原有三进的基础上，老宅向北扩建，有了第四进屋宇，称九开间。九开间的建筑已是清代晚期的建筑风格，有两叠式和三叠式的马头墙，有砖雕隔窗，以透雕的方式刻出精致的异兽。廊房四周相通，这样设计的好处是晴天不用戴凉帽，雨天不撑雨伞不穿雨鞋也无碍，便捷省心……

老宅的这些过往，是许绍雄老先生讲给我听的，记得是在一次萧山区作协年会的归途中，我坐在公交车上，一边颠簸一边听他讲许家的故事，有惊讶也有感动。也是在那一天，我知道了住在老台门的许家人和住在南大房的许家人同祖同族，而我，竟然是党山许家的第十五代子孙。

因此，当今年初夏，我再次走进南大房时，便对它有了一种特殊的情感——亲近。

无论是回想或是凝望，都像是叩响了另一个时空的门，遥看到先祖们的生活场景：正厅的八仙桌上，香炉里的烟缕袅袅升起；白墙上，映着清晰明丽的花格窗影子；庭院的角落里，长着叶片硕大的芭蕉；炉上烧着水，茶壶里的热气在弥漫……

想必会有一些家眷，在夏天的庭院里轻巧地扑过流萤；在清晨的花格窗下，看一朵朝颜缓慢地盛开；在仰望马头墙时，与飞起又停落的雀鸟对视；在砖雕木雕前，细数着如意有几许，灵芝有几枚，荷花又有几朵；闺房中，临窗而坐的姑娘静坐绣梅朵……四百年的过往都浓缩在这一屋一檐一窗一墙一瓦一梁一天井一瓦缸一石砌的花架中，昼长人静，安暖美好。

回到现实中来，刚修缮过的南大房正淋着一场磅礴的雨。我们驻足在第二进的门槛处，看雨幕垂下来。顺着檐沟滴落在青石板上的雨声，让我想起四十年以前还住在许家老台门时的下雨天——一模一样的滴落声，敲打在青石板上，真是久违了呢，想让耳朵过滤掉近旁的嘈杂，一直沉浸在这样的雨声中……

经过修缮，南大房很多东西都完整地保留了下来，使得它的古韵犹在。如今，二十来个老人守护着这处静谧，他们晒晨光，听雨落声，养花草，聊家常，笃定又淡然，有着隐居式的宁静。其中一位老人认出我来，临走的时候，她对我说，你熟悉这里，带大家往后门走，淋不着雨。

其实这时候，雨已渐止。

出南大房后门走几步，便来到了永禄桥。我站在桥上回望——傍着南大房后墙，有父亲亲手栽种的一棵水杉树。它已经长了四十多年，树干粗壮，身姿伟岸挺立。有几次在报纸上和网上，看到在永禄桥或南大房的照片里，就有父亲的水杉树。当时母亲笑着说，想不到你爸种的这棵树，成了三眼桥和南大房的配角。确实，塔一样高耸着的水杉树，无端地给灰褐色的古宅和古桥平添了几分生机。

前几天，我又去了老屋。看见南大房西侧围着围栏，那里曾经是许家祠堂，多年前已破败不堪。但听说政府出资，将重建许家祠堂。那一天，三叔家和其他许家后代新建民居的附属房也都在拆除，种的庄稼也在清理中。堂弟告诉我，政府要把许家南大房这个省级文物保护单位更好更完整地呈现，正在拓展它的边缘地带。他说这次拆除附属房，没有一分钱赔偿，但是许家后代们都心甘情愿地支持着。他还告诉我，我父亲种的水杉树旁边依偎着的那棵小的水杉树，是三叔种的。那里或许会被改建成停车场，树也可能会被移栽或者处理。

回家的时候，我静默着给两棵水杉树拍了照——让我们在世事变迁中，于守望之间，有更久长的回味。

瓜沥杂忆

张水明

　　20世纪80年代初，去衙前读中学，第一次离家远行，从萧山的中南部到萧山的东部，觉得很遥远，也很陌生。同学中就有瓜沥的，很羡慕他们星期六下午回家，星期一早上来校。瓜沥同学一般都是骑自行车来校的，他们随身带着甘蔗、花生等零食，令我们里畈人很是眼馋。后来熟了，他们也会分一点让我们过过口瘾，从他们口中知道这些都是自家种的，房前屋后都是，他们家人起早摸黑地栽种这些经济作物，就是为了让生活好起来。

　　当时，村里生产队在围垦田地，哥们姐们去围垦劳作都是坐水泥船去，都要经过瓜沥的大闸，碰上水闸繁忙，就要滞留一两天，于是，他们就去瓜沥街逛逛。待他们回家，我们小孩子会问他们瓜沥如何啊，他们会戏谑地回答，瓜沥啊遍地都是瓜，瓜沥开了，就叫瓜沥。害得我们浮想联翩，真想去瓜沥捧个西瓜吃个饱。后来证实，瓜沥确实因"沥瓜滴蜜"而得名。

　　邻居大叔在瓜沥的方迁溇石宕上班，母亲会托他上班时为我带点大米来学校，从大叔行色匆匆中知道，采石很辛苦，但瓜沥本地人都

很勤劳吃苦，让他这个里畈人都感染了，半年回一次家。

瓜沥人的勤劳是出了名的，他们会把倒笃菜、萝卜干、菜瓜等用自行车驮到我们里畈来叫卖或换米。听一位瓜沥朋友说起，二十多年前他的父亲到临浦菜场卖倒笃菜，为了赶早市，往往是半夜三更起身骑上百里路从瓜沥乡下赶到峙山脚下。太早了，就在菜场简单地打个盹等天亮。一天卖不完就要待几天，就在菜场的地上草草地卧一下。朋友要我领他去菜场看看，一想起因操劳过度而早逝的父亲，他的眼里有泪花在闪闪，我也被感染，深深地惊叹瓜沥人的吃苦耐劳。

再说我们读书时搞课外活动就去瓜沥航坞山，那时我们从坎山这面爬上去，沿途景色寂简，山路粗粝草草，白龙寺也像个暮气沉沉的老翁，哪像今天这样气势宏伟。我们只有在寺边较平坦的地方打打扑克，听老师讲讲故事。放眼山下，村庄零星散布，田野里农作物随风而荡。现在登山远眺瓜沥大地，高楼林立，现代化企业遍布其中。待高考时，与几位同学偷偷地去白龙寺拜菩萨，保佑我们考上大学，结果有个瓜沥的同学考上了全国重点大学，他本来就成绩数一数二的。当然，现在更是香客济济，节假日更是游人如织。

十多年前，一位要好的同事去瓜沥航民村企业做技术指导，说好的半年回来，他竟然要留下来。问他为什么留恋？我们国企难道还不如他们村企好？他道出了一句：中国经济十强村就不是虚名。

还有一位同事姓"任"，一次闲聊中知道她是瓜沥清代海派画家任伯年的后代，看她学习工作出类拔萃，名人的聪慧基因确实不假。她自豪地告诉我们，瓜沥还有清代名僚汪辉祖、明代女将沈云英。

前些年，自家屋里的侄辈来征询去瓜沥读书如何，我脱口而说，好的呀，瓜沥的教育质量还是有档次的。结果他们去念了，考上了本科。

姐夫的两个外甥女都嫁给了瓜沥人，两家都在城区买了房子，从她们的口中，从瓜沥女婿的待人接物中知道，做瓜沥媳妇是幸福的。

翻开剪报本，看到了钱江电气集团创建 30 年之际，由萧山日报、萧山区作协、杭州钱江电气集团股份有限公司联合举办的"钱江电气杯"文学大赛活动，一篇反映老农辛勤劳作的《木根伯》征文得了三等奖。颁奖仪式在钱江电气公司举行，我参观了车间看了陈列室，深深地被这个民营企业（全国 500 强企业）所震撼。十多年过去了，现在这个瓜沥企业正朝着成为国际一流的电力设备供应商这一目标迈进。

有好几位同学在瓜沥工作，受邀去瓜沥游玩。我漫步在繁华的瓜沥街头，徜徉在航坞文化公园，看飞机升降于国际机场，上四通八达的高速公路，想到不久地铁连主城，亚运会将开赛，不禁感叹：厉害了，千年古镇现代新城——瓜沥！

瓜沥往事

朱文俭

　　瓜沥位于杭州东南、萧山东部，北宋太平兴国三年建镇，至今已有千余年历史。

　　相传在清代以前，钱塘江在赭山与航坞山之间东流入海，为防潮患，钱塘江南岸修筑了蜿蜒四十多千米的北海塘，瓜沥处于北海塘最东头，俗名塘头，如今的瓜沥老街依然被称作塘头老街。后来，钱塘江北岸坍塌致江流改道，形成了今天航坞山麓以北的大片沙地。沙地宜种瓜类，瓜熟裂开，甜水沥沥，故名"瓜沥"。瓜沥毗邻安昌，与绍兴县只一河相隔，南街的一座刘家桥是萧绍两县的分界线。旧时，这里河流纵横相连，阡陌交错，埠头船来舟往，是典型的河湖密布的水乡平原区。

　　于是，瓜沥天然成了塘头文化、沙地文化、水乡文化三大文化的交汇之地。

　　如果时光倒流百年，塘头老街也该是繁华昌盛。一排排明清建筑，粉墙黛瓦；一条条青石板路，清洁光滑；一间间木头排门的店面，整齐有序。老街分东街、中街、西街、南街，东西长近四里，南北深百余丈，成团块状分布，有二溇、二汇头、九埠、十五弄。集镇常住户近四千，人口约两万。

站在塘头桥上凭栏望，里河外湖舟楫首尾相连，有的载着沙地上盛产的棉麻、杂粮和"塘头大蒲瓜"，有的堆着竹木建材，有的是粮油、山货，还有缸、甏器皿等。拖轮或摇橹远远驶来，又打桥下鱼贯而过，呜呜呜呜或吱呀吱呀，好不热闹。天刚蒙蒙亮，塘头街的埠头上已是人声鼎沸：头戴乌毡帽、身穿百衲衣的"脚班"肩扛手抬，上上下下装卸货物；穿长衫戴礼帽的货商高声招呼或临河交易；夜航船上囚蜷了一夜的客人们操着南腔北调，上街吃口早饭，喝碗热茶，捎点土货，与店家讨价还价。

日上三竿，东、中、西、南四条街上早已人流如潮，饭馆茶肆、杂货粮店开门大吉，笑迎宾客。如果遇到庙会，大街上的热闹更是无法形容，除了来自萧绍平原各地商家，还有戏文班子，以及卖梨膏糖的、卖武膏药的、拔牙的、说唱的等等，把一条老街挤得水泄不通。

然而，瓜沥老街和萧山其他沿钱塘江应运而生的集镇一样，繁华并不稳固，方生方死，可谓成也钱塘江，败也钱塘江。

钱塘湾是世界著名的海湾，湾底的地貌形态和海湾的喇叭形特征，使这里形成了中国沿海潮差最大的潮涌——钱塘潮。而瓜沥处在喇叭口的湾底，航坞山外便是一望无际的茫茫滩涂，头顶正北悬着一片桀骜不驯的水域，而喜怒无常的钱塘江和曹娥江又从东西两面把瓜沥包裹得严严实实。

为了生存，瓜沥人祖祖辈辈的头等大事便是筑堤！筑堤！筑堤！而钱塘潮的使命便是坍江！坍江！坍江！

　　江堤坍塌，江水泛滥淹没田地，冲毁村庄，吞噬人畜……历史记载，钱塘江在此处"坍江"是常事，"涂涨就开垦，'坍江'就逃难"也是常态。

　　为保护人民的生命财产安全，固守幸福家园，从 1965 年起，瓜沥人加入了萧山围垦大军，围垦筑坝、控锁钱塘的规模猛然加大，至 2007 年，共围垦 33 次，圈围土地 350 平方千米，占萧山总面积的 1/4。千千万万瓜沥人经过了五十多年百折不挠的艰苦奋斗，才筑起了一条条大堤，终于实现了安澜钱塘的千年梦想。可想而知，瓜沥人对航坞山之北这片沙地的感情有多么深厚。在这片一代代瓜沥人用生命和汗水向大自然换回来的息壤之上，勤劳的瓜沥人竖起了一座座厂房，建起了一栋栋新房，围起了一个个鱼塘，开垦了一片片良田……菜绿花黄、瓜圆豆长，一派宜人别致的田园景象。

　　沙地最负盛名的特产要数萧山萝卜干。这里出产一种叫"一刀种"的白萝卜，五指径粗细，一菜刀长短，棵棵莹洁如玉，啃上一口，味甜、肉嫩、汁多，真的是"经霜的萝卜赛似梨"呀！但要腌制出纯正的萧山萝卜干需经过"三晒三腌"的耐心和等待。

出坛后，条条萝卜干色泽黄亮，肉质厚实，香气浓郁，脆嫩爽口。萝卜干与五花肉在油锅中煸炒，再上笼屉蒸，做成萝卜干蒸肉；萝卜干切丁上笼蒸透，拌和油炸花生米，叫作萝卜干拌花生米，是佐酒佳肴；也可以和鸡蛋、毛豆、肉丁等热炒，还可以做汤，干脆一点的是开坛即食。即便在物质极度丰饶的当下，上了年纪的人对它还是眷恋无比，小青年们也是吮吸筷子，品咂有声。萧山萝卜干的味道是感性的，是深入肌肤的，这种温暖又淡涩的奇妙感觉游荡在江东沙地、萧山乃至萧绍平原人的记忆深处。

"维天有汉，监亦有光。跂彼织女，终日七襄……""迢迢牵牛星，皎皎河汉女。纤纤擢素手，札札弄机杼……"《诗经·小雅·大东》和《古诗十九首·迢迢牵牛星》都有记载织女整日整夜织布劳作的景象，除此之外，还有许许多多的诗歌歌颂织女勤劳朴实、心灵手巧。而瓜沥坎山一带，流传着每年七夕节"祭星乞巧"的民俗活动，并且加入了浙江省非物质文化遗产名录。这一民俗活动为何在此地扎根发展呢？要解释清楚不得不提到另一项国家级非物质文化项目——萧山花边。

钱塘江改道由赭山以北入海，瓜沥坎山北端大片泥沙淤积形成陆地，称为"南沙"，勤劳的乡民开始在这块处女地上垦种，以种桑养蚕、植棉种麻为主。1919 年秋，沪商徐方卿把起源于意大利威尼斯的花边工艺传入此地，首批习艺者 24 人，后来挑花女工队伍逐渐壮大。从此，这一样工艺"万丝缕"在这片沃土上扎根发芽、开花结果，并命名为萧山花边。20 世纪 80 年代中期，在萧山沙地有多达 20 万人从事花边工艺，挑花边成了当时萧山沙地人最大的副业。

挑花边是精细的手工活，要想熟练掌握必须靠巧手姑娘的言传身教，于是，花边工艺传承就和本地流传已久的航坞山地藏寺祭牛郎织女、乞巧祈姻缘巧妙地结合起来，形成了瓜沥坎山一年一度的"祭星乞巧"节，而且形成了隆重的仪式规程：阴历七月初七，在坎山下街萧山手工花边博物馆，七个妙龄女孩扮作七仙女，在长辈带领下，举行包括柳槿叶洗头、上供、祭拜、赛巧、乞巧、用方言唱"七夕歌"等仪式。

"牛郎哥哥、织女姐姐快快来，伢给你送肉，教伢学做活。伢给你送物，教伢扎鞋帮。伢给你送菜，教伢学裁剪……"在韵律欢快的《七夕歌》歌声中，姑娘们不仅传承了精巧的手艺，还饱含了情怀与文化，以及对美满姻缘的憧憬。

如今，瓜沥已经发展成为萧山东部一大重镇，经济文化发达，物质生活富裕。当地的人们日常生活节奏飞快，也许很多人已经忘记了这些陈年旧事。但每天早晚，竖起耳朵静听，依旧能清晰地听到航坞山上白龙寺里的晨钟暮鼓；下班回家，一家人围坐在晚饭桌前，依旧可以听到爷爷絮絮叨叨的塘头旧闻、围垦故事，奶奶余味悠长的花边往事、七夕歌谣……

王步山·塘头·方迁漊

祝美芬

小时候，经常听大人们提及"王步山"。在他们碎片化的讲述中，知道这座山很高，上面还有个龙王寺。记得当时我问父亲为什么叫它"王步山"，他说他也不知道，大家一直都是这么叫的。现在的我知道这座山其实并不算高，只不过对于山很少的萧山东片地区来讲，它算是最高的。王步山就是航坞山，因古时钱塘江上往来的船只皆以此山为航标而得名。相传五代十国时期的吴越国王钱镠曾到航坞山来放步踏勘，因此也叫王步山。只可惜当我知晓之际，我的父辈们大都已仙逝。

我的父辈这一代当年生活艰辛，没有条件学骑自行车，出门都靠步行，只有当有大批农货要运到镇上时，才动用船只撑船运送。在那个时代，去一趟王步山对大人们来讲也是很不容易的，没有特殊事情要去办，一般是不会去的。家在靖江的我们，天晴的时候，能在大人指点下，隐约见到南边方向王步山淡淡的影子，需要瞪大眼睛专注看才行。

在我的记忆里，当年萧山城区对我们而言路途相当遥远，自行车单趟要骑三四个小时。记得当时年轻人在得闲时想去外面游玩一下，

脑中的第一个念头就是去萧山城里游一游，但一说出这个愿望后便都
会摇头，说这个只能想想，实在是太远了，骑车吃不消。于是便退而
求其次，觉得还是去塘头实际一些，说塘头这个地方也有点大，蛮好
玩的。又有人建议，如果时间充裕还可以去爬爬王步山看看龙王寺。
可几位一匡算时间便觉得两者只能取其一，因为光去塘头老街一趟，
来回也差不多要花一下午时间，这山肯定是来不及爬的，最后决定还
是去塘头老街游一圈。在当年交通尚不发达、娱乐方式也不多的情况下，
隔一长段时间去塘头做一次"稀客"（游玩的意思），也是我们那里
的年轻人颇为难得的自我犒劳。

　　这里说的"塘头"就是"瓜沥"，我们那里习惯叫它"塘头"。现在，
我查阅了资料后知晓了"塘头"这一称谓的由来。瓜沥这地方原先筑
有一条海塘，它从方迁潓开始从西往东绵延达数十千米。当年，这条
海塘北面曾是一片汪洋，小时候听父辈们聊起塘头时，曾经说过我们
所住的这一片地方原先都是江，是坍江后逐渐变成现在这个样子的。

　　我第一次去王步山，是在初中时期。一次，教语文的蒋老师跟我

说周六有一次学校作文兴趣小组的航坞山采风活动，问我要不要参加，如果要去得自己骑自行车去，路有点远的，我说我骑得动。活动那天是阴天，我们骑了好长时间到达了航坞山。蒋老师说，这次我们不走台阶上山，既然是来爬山，我们就自己找个地方爬上去。我对爬山毫无经验，只是跟在他们后头一直爬。爬到半山腰之上，开始难爬起来，我们遇到了一片光滑陡峭的石壁，而可以抓握攀缘的凭借物极少。老师与几个男生先试着爬了上去，然后指导跟在后面的我们怎样借助石壁上仅有的一两株小树苗往上爬。这样难爬的山我可从来没有爬过，但那时刻已没有退路，必须一心往上爬。在大家的指导下，我努力爬了上去。这一艰难的攀爬画面，至今还清晰地印在我的脑海里。爬到一小处平坡上面后，老师说这次就爬到这里为止吧，上面更加难爬了，这里看风景也已不错了。于是，我们站在这一处平坡上远眺，看着山下的村庄与大片的田野，确实有种登高望远的酣畅感。待到风景看得差不多、体力也已基本恢复后，我们便一道下山返校了。

　　第二次爬航坞山是在读师范时的暑假。一天，几位初中同学相约一起爬山，到了那里，我们是走台阶上山的。我只记得台阶非常整齐，看起来干净得很。伴着习习凉风，在两旁绿树的掩映下，我们顺着幽静的山道拾级而上，不久便到了山顶的龙王寺。这龙王寺就是白龙寺，建于北宋熙宁年间。在我们那里的老百姓心目中，这座寺庙是相当有名气的。那是我第一次造访龙王寺，迈进第一个殿，我看到了几尊怒目圆睁形态逼真的雕塑，不禁有点骇然，问了同学才知道这就是四大金刚，这也是我第一次真正领略到传说中四大金刚的威力。

　　第一次去塘头老街玩，是姐姐用自行车哼哧哼哧载着我去的，那次我们是下了多大的决心啊！只记得我们骑了好久好久才到达，到了那里，我们推着车边走边看，看到后来，发现这里的街景其实与靖江南阳的街道差不多，只不过它更长一些。在我的记忆里，我们走的这条街道地势特别高，两边的店铺则显得低一些，我在想这会不会就是以前的那条海塘。那天我俩最后去一个地摊交易市场逛了一圈后便打道回府了。回家途中，姐姐实在骑不动了，于是我便有了斗胆展现车技的时刻，但姐姐一坐上去，车子就晃晃悠悠，乘坐的人自是心惊胆战。无奈，姐姐说还是由她来带我吧。于是我们骑一程，走一程，回到家时都累瘫了，但总算是去了一趟传说中的塘头。

方迁溇，是我读湘湖师范时乘公交车去萧山城区上学必经的一站。每当到了方迁溇站，我就会想到这里就是瓜沥地界了。方迁溇那个时候有个石宕，石宕里采石的爆破声经常回想在我的记忆时空里。小时候的我，在家不经意间总会听到这阵阵爆破声，有地动山摇之感，那时母亲就会跟我说方迁溇又在打石炮了。接着又会跟我说这个作业也很危险的，曾经有人就是在打石炮时被飞过来的石头击中受了重伤。那时的我对采石这行当不了解，她所说的人与事对我而言也很陌生。因此像是在听传说故事一样，只能在脑海里尽己所能想象这些画面。直到同村一个壮年男子在打石炮时不小心被石头击中受伤，我才知道母亲说的这些事原来近在身边，这让我对生活的不易与现实的残酷有了清晰的认知。现在这个石宕早就停止作业了，但记忆还是留了下来。

同时，也因这偶然响起的阵阵石炮声让我们这群小孩子知道了有一个离我们很远的地方叫方迁溇，甚至还创编了一首流传颇广的童谣，每年地里的金蚕豆可以采摘烧了当零食吃之际，我们就会一边快乐地吃着鲜甜美味的蚕豆，一边不约而同地快乐吟唱："金蚕豆，圆丢丢（圆溜溜），咋屁（放屁）咋到方迁溇。" 用方言自编的顺口溜，我们吟唱的时候还自带节奏感，互相打趣着甚是开心。因为吃多了新鲜的煮蚕豆或是晒干的炒蚕豆后，总会出现这样令人尴尬的生理现象。我们为了形容这一股尴尬之味传播之远，就想到了在我们看来很远的方迁溇。

前一段时间，萧山区作协采风再次登航坞山，我看到了重新修建后的白龙寺，它比记忆中的更加雄伟、宏大。站在山巅眺望，我很想看看自己的老家是不是在视野范围内，在远眺所见的幢幢楼宇间，老家只能是一种概念式的存在。当年的老家所在区域已拆迁建成了机场，新搬迁的老家在楼宇间很难找到。但生活毕竟是越来越好了，远眺所见是一派生机勃勃的新气象，屋宇间生活着的人过着和美幸福的好日子，用父辈们的话来说，那就是："现在这样的好日子我们当年想都想不到！"

党山的房子

黄建明

党山的房子，最有名的当数许家南大房。许为党山著姓，明嘉靖年间自绍兴县马鞍亭迁入。传到第三世，分八房，其中大房以经商致富，于明万历年间（1573—1620）率先建住宅三进，因位于里湖南岸，故称南大房。

明末清初，山阴碧山许氏第五代孙许公勉率众人在井亭埠（古时有一口井，井上筑亭，亭毁后建关帝殿，井现存）抗倭寇，尸抛满塘，塘地为赤，因名"红塘头"。后人习惯叫井亭头，谐音"井岭头"。

全国第三次文物普查，区普查办对党山村许家南大房、许氏家塾、许氏宗祠、王三房等建筑进行了登记和梳理。这些建筑布局完整合理，规模较大，保存较为完好，具有相当的群体优势，体现了宗法制度在乡村传统人居环境上的影响，也为研究江南水乡建筑特色及地方民俗文化提供了重要实物例证。南大房，明万历年间（1573—1620）许氏四世大房许魁始建，清光绪二十九年（1903）续建。南大房坐北朝南，平面呈长方形，沿中轴依次列门厅、正厅、内宅、后楼及后宅，两侧分列廊庑厢房，总占地面积 3116 平方米，总建筑面积 2180 平方米。

门厅面阔十一间，正厅五间，明间五架抬梁带前后单步，用材粗大，后楼为清光绪时续建，两层楼，面阔九间，后宅为两进院落，面阔三间。许氏家塾，清道光二十八年(1848)建，前后两进，左右设廊，为当时许氏子弟读书场所；许氏宗祠，清道光八年(1828)始建，后屡有修葺，坐南朝北，总占地面积552平方米，总建筑面积245平方米，三间三进，第一进为厨房和账房，第二进为拜厅，第三进筑台供奉历代神主。王三房，位于党山村东部，里湖南岸，坐北朝南。风水先生认为，台门不能完全朝南，所以偏西11°。王三房由正院和后院两部分构成。正院保存较好，为三进两院落格局。第一进为前厅，面阔3间13米，进深2.9米，石库门额阳刻"业广惟勤"四字。第二进为中厅，面阔3间，进深5.5米，明间石柱、石础。第三进为后厅，面阔3间，进深10米。正院与后院之间有一通道相连。后院保存较差，原为三进两院落格局，现只存两进。第一进为前厅，面阔3间12.7米，进深5.7米，第二进为中厅，进深11米，第三进已拆毁。据当地人介绍，王三房已有100余年历史，布局尚存，是该地区除许家南大房之外较大较典型的民居。

传统院落建筑一般有三至九进房子，王三房就是三进的，而南大房是九进的，代表了最高层次，可见南大房主人的经济实力和境界格局。

像南大房和王三房这样的石库台门，是绍兴的典型建筑，党山原属绍兴，老底子留下的东西是不会骗人的。它们的外墙与萧山的墙门建筑不一样，底部是青石板，青石板约1.8米高，上方还留有石窗，作通风、透亮用，这明显是绍兴典型的台门建筑风格。绍兴市城市建设档案馆原馆长屠剑虹在《绍兴古城考论二则》一书中对此有过论述："以青石板为基，这种青石板长约2米，宽近1米，厚约10厘米，两端均用开槽石柱，石板插入槽内销住，称为'石销墙'。石销墙上面是用砖砌筑而成的墙体，在砖墙上嵌漏形石雕花窗。用石销墙作墙基，能够防盗、防火、防水、隔热，而且异常坚固安全，这确是先人的明智之举，也是绍兴建筑的一大特色。"

南大房主人是盐商，对房子建造风水极其讲究。古人挖井困难，要近水源居住，生活、交通都方便，这种水流叫"玉带水"。《阳宅十书》中有关于人类对居住地选址的论述："人之居处，宜以大地大河为主。"聚落选址沿江沿河，靠近水源除了满足日常的生产、生活用水需求之外，还有调节局部气候环境，同时起到美化周围环境的作用。南大房四周被河流包围，水质清澈，风平浪静，视野开阔，微风吹来，也有波澜，有聚财作用。

党山濒临钱塘江，历史上是产盐区，唐代《越州图序》载："滨海居人以鱼盐为生。"钱塘江江水咸度为8.5‰（海水咸度为14‰左右），由于滩涂土质及江水含盐量不同，因此形成了有别于海盐的独特的板盐制作技艺，该技艺入选浙江省第三批非遗项目。据说南大房主人就是贩盐起家而成为富甲一方的巨贾。1916 年 2 月，党山盐区并入钱清盐场，场署设在钱清仓弄处。1945 年 8 月，日寇宣告投降，盐场办公地点由钱清迁往党山南大房朝南台门。为什么会选址南大房，也许许家祖上是盐商的缘故。

党山的老房子多，现存还有很多，猜想历史上的老房子还要多。这得益于党山便捷的交通，河港多；地理位置优越，位于萧绍交界处；靠近钱塘江，可以产盐贩盐。旧时盐可是好东西，是朝廷财政收入的重要来源。因此，有眼光的党山人，做起了盐商，并因此而发财，那是自然而然的事情。

南大房

陆永敢

　　一阵风从明朝吹来，一滴水从遥远落下，一缕光由昨天照耀，它们邂逅在南大房，才使这块地方有了风光。

　　南大房，是一个社区，又是一处景区。认识欣赏南大房，由于两次交集，一次是科普交流去了社区，一次是文联采风踏进了景区。科普交流，是一个人走的，分享"预防保健品欺诈"课题。导航告诉我，从萧山城区出发，距离 30 公里，需时 57 分钟，穿过 43 个红绿灯。按照导航向东，一路向东，过了瓜沥再往东。信号时断时续，还时常出现空白。好在党山方向并不陌生，凭直觉往东不会大错。行车至社区附近，信号终于恢复清晰。"目的地就在附近，导航结束"。那天，来享受交流的都是些银发老人，50 来个。授课、看视频、提问题互动，讲者津津乐道，听者专注守纪，课堂气氛活跃，领教了南大房人的憨厚与淳朴、热情与好客。外面下雨了，"要伞吗？我这里有，你可以带去"，一位大娘主动提供方便，我婉约谢绝。淳朴好客的民风在课堂外得到印证。

　　南大房社区，曾是党山老街，历史上，曾有过一段受绍兴管辖的

时光。这里，从清末民初开始，一直繁华喧嚣，商铺林立，有不少老字号门店，曾经红红火火。随着扩镇步伐加快，政治、经济、商务中心的转移，老街渐渐寂静下来。然而，一条里湖河，一个古村落，几多古石桥，承载着人们的乡愁与民风，蕴藏着浓郁的文化韵律，标志着对未来生活的美好祝福。足见其沉淀的文明和沧桑的昨天，在厚重的历史时光深处，彰显出价值的永恒。

"石桥不墨千秋画，流水无弦万古琴"，是古人对石桥和流水的咏颂。而如今的南大房人，在瓜沥镇党委领导下，通过美丽乡村建设，旧颜添新彩，古迹换新貌。挥动着让历史故事重放光芒的大手臂，奋发着让宏伟蓝图变成现实的努力，一些工作得到上级认可，取得许多荣誉：瓜沥镇综合先进集体，杭州市高质量就业社区，省级防灾减灾标准化社区，优秀妇女工作先进集体。以实实在在的成绩，展示在人们面前。

伫立在永禄桥上，故事在石桥上流淌，碧波在石桥下荡漾。一块块石板，多少年前，沉寂于深山，像千年沉睡的顽矿，没有醒来。它们看似凝固，恰在坚守。有的在呼吸，有的在漂泊，有的在飞舞，在它们的生命里，回荡着欣荣，回荡着幸福。感受人间冷暖，看世间百态，活出了自己的精彩。由壮实厚重石板垒叠的古石桥，虽然流经数百年，从过去往后看，即便再过数千年，还是那个模样，属于它们的岁月里，没有成年，只是童年，没有苍老，只是青春。人生易老桥难老，石桥永远活在人间。

数百年来，水在桥下流，人在桥上走，从桥的这边来到桥的那边，又从桥的那边到达桥的这边，来来回回反反复复忙忙碌碌。木屐的拖鞋，平底的布鞋，尖跟的皮鞋，抑或光脚的肉感，桥知道；是轮子还是轿子，是布衣还是麻纱，世间繁荣落寞，桥知道；是帝王将相，还是文人墨客，抑或有数不尽的风流人物，桥知道；是家禽还是家畜，是牛猪羊狗，还是鸡鸭猫鼠，桥知道。石桥，数百个春夏秋冬，岿然不动。作为恒久的守望者，桥守望着明、清、民国、共和国的兴衰更迭，守望着人们的悲欢离合、喜怒哀乐，守望着一代又一代"从自己哭声中开始、在人家哭声中结束"的人生故事。

关于许氏南大房的名称，有许多版本的传说，让人浮想联翩。"南"，是以绍兴为参照？还是以萧山为参照，抑或是以里湖河为参照？至于大房，是房屋高大，还是房群雄伟？然后，一切都不是。可靠的史料有这样的记载：始迁祖许承一公，自绍兴马鞍亭迁来党山后，传至第四世时已分成八个房头，而八房中的大房率先弃农经商，走南闯北、盈利积财后于万历年间在老台门对面，里河南岸营造宅居，就是如今的南大房雏形。因是房族中的大房所建，又在老台门的南面，故称"南大房"。

枕河而居，桨声依旧，横卧碧波的南大房，在浸透着清香淡蓝的炊烟里，在缓缓落下的时光中，露出白墙灰瓦马头墙。南大房许姓第十五代孙许绍雄老先生，1961 年高中毕业，从上海回到祖籍党山南大房，此后一直居住在此，没有离开过，曾参与当年政府申报资料的搜集工作，称得上是南大房的活字典。年过八十的许老先生，接待我们时精神矍铄，介绍古居如数家珍，滔滔不绝，头头是道。他带着我们从一进走到另一进，充当起了导游。

"南大房，2005 年 5 月，经省人民政府核定，被批准为浙江省级文物保护单位。这里，居住最多的时候，有三四十户人家，相当于一个生产队。现在原居民大多已搬出，仅存本家 7 户，且大多是上了年纪的老人。"许老一面介绍，一面指点房梁，接着说："厅中央的梁间，设置粗犷简约的木雕斗拱，有灵芝、如意和荷花等形状，形态毕真，栩栩如生。正是这些雕花，似乎诉说着许氏家族的兴盛衰落。厅后是一个退堂，退堂内侧是个小天井。主要是祭奠先祖神灵、摆放先祖牌位的香火堂。这是古代民居建筑中，典型的前厅后堂布局。"

徜徉在南大房，水墨江南的古建筑，白墙黛瓦一览无余。前后 3 进 58 间，建筑规格 9 开间，属于封建社会档次较高的民居。据说，当年，还有许多公共设施，宅后有两个较大规模的花园，沿河有十几座河埠，还有祠、庙宇、戏台、牌坊等。构成了许氏大家族完整的生活、生产环境。

春雨霏霏，微风吹过，南大房静静地躺在那里。石头、木头和黑瓦，涵盖了南大房建材的全部。石磉、石柱、石门槛、石窗、石门、石地板，看得出，在其原始建筑时，没有钢筋，没有混凝土。正厅屋披的两旁，有大小不一的砖雕隔窗。隔窗图案采用虚实结合的透雕手法，线型优美简洁，雕技老到精湛，既能使厢房内通风采光，又使天井独立成院隔窗相望。在古建筑对天井的设计中，"肥水不流外人田"的宗旨，得到充分体现。天进两边各置有用石板砌起的"天落水池"，功能在于消防、饮用兼得。

再从南往北，来到南大房的最后一进。门廊两侧花格子门扇，门扇裙板上雕技精湛的历史人物演绎图；后墙屋檐下，一幅幅让人注视的砖雕长卷，凝聚着先人们精心设计、精心施工、不留遗憾的心血，讲述着许氏家族雄厚的经济基础和显赫的社会地位，流淌着昨天的无限风光。

南大房的精细设计和建筑规模，让人产生一些"万里长城今犹在，不见当年秦始皇"的感悟。去过山西乔家大院，去过江苏"退思园"，不都是跟许家南大房一样，不见了当年主人。显然，人们创造财富，一时看起来属个人，其实都是社会所有，谁也带不走。人生需努力，顺势而为、顺其自然最重要。

最后，许老带着我们，走进了他的书房。一块"有书大富贵、无事小神仙"书幅，在这里熠熠生辉。这可是许老的座右铭。书房里摆放着数千册各种类别的书籍，分类有序、整整齐齐，按他自己的说法，一辈子的大多支出都在这些书刊中。徜徉其间，被温馨浓郁的书香所流连。笔者思索着：在这里，觅一方清静之地，捧一本闲情雅书，在落纸烟云墨润的时光里，借忙碌的工作生活之余，来一场酣畅淋漓的"阅"享受，一定有一种别样的风味，别样的惬意。

穿过历史的云烟，跨越古老的传说，南大房的一街一河一古桥，一许一姓一民宅，总会拾起昨日的辉煌，重放光彩，再次呼唤人们的关注与厚爱，引来人们的青睐与欣赏。

采撷·记录

瓜沥可留下

莫 莫

七月骄阳似火，明晃晃的光亮铺满了南大房的整个天井，使老宅特有的那股老岁月的气味因加入了阳光的味道而变得越发好闻。在石板缝里挺拔生长的一株株鸡冠花则是另一种火光，它们像利剑一样插入坚硬光滑的石板缝隙，一柄一柄列队整齐，以略带夸张的姿势向人间宣告着生命的强势。

插满天井的火红鸡冠花丛是自然生长的作品，别处被风吹来的种子撒播于此，石板上的种子也许在暴晒下干瘪了，沦化为尘土的一部分，更多落入缝隙的种子却得到了重见天日的机会。新与旧，黑与红，建筑与红花形成鲜明的对比并刺激着眼球。

许家南大门也如夹缝之中喷薄而出的红花，在历史长河中透出光芒，并没有因被时间打磨而失去棱角。在政府部门的重视和保护下，它再次彰显出许氏家族几代的荣耀。这座大四合院始建于明朝中期，前三进为大房经商致富后于明万历年间所建，位置在南，故称"南大房"，又在清朝时增建第四进，故具有明清两代建筑的风格，是"浙江省内迄今为止保存最完整、规模最大、历经明、清、中华民国三个时代的居民建筑"。

整座建筑的布局大气恢宏，层次分明，随处可见精致的木雕、石雕、砖雕，透出浓重的历史感。里面总共住着四十多户人家。有一户十分有特色，门头上挂着"别有洞天"四字，廊檐下、天井里处处皆是绿萝和兰草等植株。主人忙于向客人介绍南大房的前世今生，一只憨态可掬的卷毛狗热情好客，跟着访客进进出出，或扑起前肢与人招呼，或蜷于石板上稍事休息；鸟笼有序挂在墙上，笼中六只鹦鹉歪着脑袋好奇地打量着热烈交谈的人们，彼此之间也喋喋不休，一副虽然听不懂但感觉很厉害的样子。

这是一幢很老的建筑，你以为在南大房所见皆为过往。但孕育和包容新生命体现出了它不凡的价值，因为有这些生命的陪伴，过往即当下。固化的美当然不及流动的美有声有色。如果只是安静地凝固着，美虽厚重但不生动。一定要有划破时空的啾啾鸟鸣和袅袅炊烟，来宣告这是一幢活着的建筑物。

人一生喜爱追寻甜蜜，在这个"沥瓜滴蜜"的小镇，一个咽着口水的夜晚，想象以前围垦种瓜的情景，种出的瓜果十分香甜，长得老透了的瓜果果皮龟裂，淌出散发着浓郁瓜香的蜜汁来。在一个想着蜜瓜咽着口水的微醺的夜晚，想着"更爱禅房宿，泉声彻夜闻"的隐泉"暗龙湫"内，清冽的泉水一定也是甜的；想着梵音如海，在航坞山白龙寺听经时，那一刻的忘我一定也是甜的；想着吮着色泽黄亮的萝卜干那就一定更甜了！

在这个微醺的夜晚，你一定欢喜地想着要好好把握住这个小镇繁荣的现在。小镇夜色迷人，干净宽阔的大道上车来车往，新建的小区

外围栽种着浓密的绿植，散发清新的泥土气味。灯光璀璨，人们聚在喷水池边纳凉，两个小伙子手持话筒在对唱情歌。星巴克诱惑的咖啡香气弥漫了整个夜晚。你在这个具有现代城市气息的小镇的夜广场放下了防备之心，只是个归家的游子饭后在荡马路"做嬉客"，顺着心意走得摇摇晃晃。

但小镇以坚定的步伐带你走进了未来。七彩小镇是瓜沥的未来小镇，是浙江省首个参照新加坡 TOD（公共交通先导）新市镇邻里中心模式打造的新城镇中心综合体。简单易懂的描述就是在中国式城镇化建设模式上吸收了新加坡的新市镇社会治理经验，把两者合二为一，取长补短，既保留中国城镇古朴原色，又增添了时尚新意。

未来社区是什么样子的？你能想象一个综合体内部的公交车站是什么样子的？在七彩小镇都能找到答案。为了方便社区居民，体现出公交的优势，七彩小镇在综合体内部建设了一个新型公交车站，等于把交通中心放置在了住宅购物及邻里中心，方便居民吃住行。

开放共享、促进邻里交往模式下的小镇居民，像不像 20 世纪七八十年代夜不闭户的农村邻居？大家互敞心扉，邻里相助。不同的是，智能化设备丰富了，生活层次也相应提高了。践行"最多跑一次"的理念，在瓜沥七彩小镇的五楼运行着一个 24 小时服务、365 天办公的社区智慧公共服务中心——"七彩公共服务中心"，该中心引进了智能的自助设备来辅助人工服务。

而二期将更多是围绕未来生活的展望进行建设：建设超级社区中心是未来生活的样子，建设超级 5G 产业园是未来创业的样子，建设超级邻里街区是未来传承的样子，建设超级社区学校是未来学习的样子，建设超级医养中心是未来健康的样子，建设超级社区公园是未来欢乐的样子。每一项都与未来有关，每一项都充满了自信与力量。

"要出彩，在浙沥"，未来在这里。在七彩小镇生活，既能体验轻松的邻里氛围，又能享受高水平的生活环境，小镇居民的幸福程度可想而知。

无论在哪个时间节点提问要不要留下，你一定都会选择留下。不管是过去、现在还是未来，瓜沥都是个充满生命力的城镇，它有传奇的用金子庆祝的航民村，它有勇立潮头步入行业殿堂的民企钱江电气集团，它用自己独特的规划方式展翅飞翔，让所有居民真正享受到了幸福的生活。

跟着涌泉游航坞

未 名

瓜沥航坞山是萧山东部沙地平原的第一高山。因为古时越王勾践和吴越王钱镠都曾率兵登临此地，所以也叫作王爬山或王步山。航坞山地理位置在以前是非常的重要，它不仅是钱塘江中过往船家仰望灯塔导航之处（航坞之名即由此而来），更是历代帝王穷兵黩武、志在必得的兵家要地。如今，钱江改道，烽烟消散，航坞山虽然已经失去古时引航和战略的价值，但山中那一股自上而下、喷涌不息的山泉，那一道道奇秀的风景，一座座奇妙的古寺，一个个神奇的故事，一直吸引着四面八方的游客前来赏景探奇。

航坞山涌泉源头在山顶的白龙寺。寺虽不大，建筑风格也很古拙，但因为有将近千年的历史，有白龙曾盘旋山顶的传说，有一口即便久旱无雨，江河见底，但依然泉涌不息的白龙井，而站在寺前可听四周梵音袅袅，远处群山逶迤，山花烂漫，阡陌纵横，村舍齐整，江轮往复，因此早在 2008 年 8 月，就以"航坞听梵"之名被评为萧山十景之一。

白龙井的泉水沿着航坞山脉自东北向西南奔涌，到了半山腰的接龙寺附近，突然一分为二，其中一股依旧向西南奔涌，另一股则急转而下，注入了接龙寺脚下香樟环绕、绿树成荫的盛家坞水库中。水库上头的接龙寺，三面环山，一面临水，站在寺内广场南边的高台上眺望，只见东西两侧的山冈古木苍翠，繁花点点，北望钱江，一览无余，南面山上，各类宝殿依山而建，雄伟壮观，层层叠叠，高不见顶，大有蟠龙见尾不见首之势。

白龙井的另一股泉水继续沿着山脉向西南奔涌，到了坎山地界的洛思峰，又突然分五股从地下喷薄而出。其中的两股分别叫洛思泉和云泉，泉眼都位于一个地藏寺中。这地藏寺历史悠久，文物众多，古树参天，庙宇恢宏，每年的七月初六、初七，宁波绍兴以及外省的年轻姑娘都会在亲人陪伴下慕名而来，在僧人的诵经唱拜声中，在皎洁的月光之下祈求天上的织女星能让自己心灵手巧，早日找到如意郎君，萧山十景之一的"地藏祭星"也由此而来。

地藏寺内风情万种，地藏寺后的洛思峰更是引人入胜。沿着寺后的山间小路一路向上攀爬，形似石佛直立松间的百丈岩，状若卧狮匍匐草丛的狮子岩，还有鸡笼石、中山林表等美景不时闪现眼前，当然更不容错过的是洛思峰中的防空古洞和洛思峰绝壁。当你揣着一颗忐忑不安的心从幽深黑暗的古洞爬出来，又使出吃奶的劲攀爬上那座东汉骠骑将军、钱塘侯、大司农朱儁登高北望故乡洛阳的悬崖峭壁，一路行来的心情又岂是区区笔墨所能够形容？

洛思峰下的另两股涌泉在地藏寺前青山环抱、松竹相间的极乐寺中。极乐寺又名法海极乐寺，它的来历不仅和《白蛇传》中的法海和尚有莫大关联，地理位置也是非常奇特。你看它青龙白虎，左旗右鼓；前有朝拜后有靠，像把帝王太师椅。相传明朝国师刘伯温怕此地出反王，

曾在此做法破除风水，直到数十年前，极乐寺的开山祖师海智和尚在组织民工开挖大雄宝殿地基时，还发掘出一个空洞，空洞中除一块陶瓷八卦牌，还很有规律地排列着五枚泥蛋呢！

洛思峰下的最后一股涌泉在极乐寺西北的一个小山坳里。由于山坳狭小，林木茂密，山路崎岖，车马难至，水质一如航坞山顶白龙寺中的井水天旱不涸，水涝不溢，冬暖夏凉，甘甜可口，引得那十里八乡的村民情愿关了自家的水龙头，也要来此花钱买水。

如此神奇美丽的航坞山，有闲暇了不去走一走，可真是人生憾事！

我的瓜沥与瓜无关

马毓敏

按传统命名法，地名往往与自然要素或地理方位等相关，地名也往往有其独特的文化属性，有些地名很容易让你联想到这个地方的自然特征、风土民情、历史文化、著名人物等。

地名是特定地理实体的指称，不仅代表命名对象的空间位置，指明它的类型，而且还常常反映当地的自然地理或人文地理特征。

譬如瓜沥。

瓜沥是一个地名，这是确凿无疑的。瓜沥建镇从北宋太平兴国三年（978）开始，至今已有1000多年的历史了。为什么叫成"瓜沥"而不是别的地名？当地史书说，这个地方盛产瓜类，瓜熟裂开，甜水沥沥，所以，用"瓜沥"来命名此地是最恰当不过的了。吃瓜群众当然首选这里，不吃瓜的群众也因"甜水沥沥"这一形象而生动的画面，记住了这里。就这样，"瓜沥"成了远近闻名之地。

从我记事起，吃过不少瓜沥的瓜，感觉上，并不比我家乡的好。

我家在瓜沥北边，更靠近钱塘江。鲁迅在《故乡》中写少年闰土月夜守瓜用叉刺猹，这也是我的表兄弟们经常做的事。而更令我们女孩子感兴趣的，是收瓜季节。一辆接一辆大卡车从杭州、富阳等地开到地头，摘西瓜的我们忙得没有功夫歇气，吃饭就改成吃瓜。挑一只最中意的瓜，专拣中间那一簇顶红顶甜的地方下口，一不小心，玫红色的瓜汁就滴沥在衣衫的上面。舅婆赶紧拿来润湿的毛巾，帮我们擦拭那处印渍。小表妹刚上一年级，也随父母到了瓜地，为照顾她，舅婆在树荫下给她铺好一张油布，再留下一个谜语：看看是绿的，吃吃是红的，吐出来是黑的。傍晚我们回家，小表妹也睡着了，谁也不知她猜出来没有。

瓜沥的瓜对我毫无吸引力。

吸引我的，是瓜沥的陛下庙。

我父亲说到"皮和庙"的时候，我就会停下往外走的脚步，我对这个"皮和庙"或者"皮下庙"实在太感兴趣了。我只去过张老相公庙，那里面供着个红脸膛的菩萨，就是大人们说的张老相公，听说东岳庙是个大庙，可惜没有去过，土地庙很小，就在河沿口那里，已经堆满了谁家的柴草。一年当中，父亲会在两个节气到来之际说要去"皮和庙"。一次是清明前，一次是冬至前。我在门前小河涨水的时候听到父亲和他的族兄说到皮下庙，就知道要去王爬山上坟了。大人小孩从埠头坐船出发，一路向前，沿黄公楼直河往南，到方迁溇，父亲就催促道：东西理好，皮和庙马上就到哉。我已经读二年级了，看庙门额上的三个字，明明是"陛下庙"，怎么大人们却说是"皮下庙"呢？哦，那个我不认识的"陛"字，大约是读"皮"的。

陛下庙是南宋时的庙。王爬山是勾践爬过的山，是航坞山的别名。

"陛下庙"与"王爬山"，都是瓜沥的名胜。

有瓜有历史有名胜古迹的瓜沥，还有我们沙地里少有的工厂。

粉末冶金厂，听着高档，似乎科技含量很高，但具体做什么产品，我一点不知道。

胶木厂有点数，好像是专门做胶木制品的。我过年时穿的那件包棉袄的罩衫上，有一排长方形的棋子纽扣，墨绿色，看上去亮亮的，光泽很好，给那件棉布罩衫加分不少。那纽扣就是一个插队在我们那里的知识青年送的，她的哥哥是胶木厂的工人。

酿造厂我很熟悉的。平时买酒、买酱油都在家门口不远处的供销社，经常有邻居说供销社的酱油甏里有死蛇、死老鼠。过年的时候，母亲会让埠船老大从瓜沥酿造厂买来五斤子母酱油、五斤元红老酒。埠船每天一班，从瓜沥出发，把沿途供销社要的货物一一带到，我所在的地方是倒数第二站，最后面还有钱塘江边上的新湾，那里是最最边上了，所以又叫作"新湾底"。埠船停靠在共济桥堍头，船老大是远房三伯，一坛酱油、一坛黄酒已稳稳放在青石板上，看见母亲和我过去，三伯就"二妹二妹"地叫，我也是"三伯三伯"地喊，母亲到了三伯面前，亲亲热热叫一声"三哥"。远房三伯看着两个坛子被我们抬走，也放心地撑篙离去。

黄公漊直河的水一圈圈荡着水波。

过年那几天待客，吃饭的人都说老酒比平时的香，酱油比平时的鲜。父亲很有面子，母亲则一个劲地说：是直接从瓜沥酿造厂里买来的原汁货。

"哦，难怪！"吃饭的人都现出恍然大悟的样子。

最让人魂牵梦萦的，是瓜沥食品厂。

154

香糕，桃酥，麻饼，奶油糖！

小时候，一想到这几样东西，梦里也会笑出声来。

想归想，要吃上这几样东西，除非过年。那时，舅婆会带来一个富阳草纸包着的斧头包，斧头包上面盖一张红纸。明明是给我们小孩子吃的香糕包，母亲却总是不许我们拆，实在憋得不行，我们就偷偷在红纸下面的草纸上抠一个小洞，把长条状的香糕弄碎，用手指一点点蘸出来，放进嘴里。那个香甜啊！

要是我们这里有这样一个食品厂，整条街就会荡漾着香甜，不用花钱买，直接吸入鼻子就可以过瘾，哇，多么好。

更让人眼红的，是食品厂在过年的时候总要招一些本地的临时工，帮忙包糖，装袋，发货。既可以闻到、吃到香甜的糖果糕点，还可以赚一些钞票，怎么会有这样的好事啊！如果我能在食品厂做上临时工，不要说八小时一工，十小时一工也愿意，加夜班也愿意。要是得了钱，最好有个十来块钱，先去新华书店买那本《桐柏英雄》，再给父亲买包烟，听说"大前门"是香烟里面最好的，不知要多少钱，自己留下一块钱

155

小货钞票，多余的，都交给母亲，她一定会高兴得跳起来，逢人就会夸我能干。

自从知道瓜沥食品厂年边要找临时工，我就经常陷入这样的空想状态。一会儿笑嘻嘻，一会蔫答答，惹得母亲很是担心，怪我乱看书，看得神经搭牢哉。她说：屋里事体木佬佬，你要再看书入野，当心我一把火烧掉这些劳什子。

谁也不知道我在做梦。

我读高中的时候，邻居小伙伴来撺掇我去瓜沥的航民大队做工，说那里有个纺织厂，要招挡车工。那时已经恢复了高考制度，我的心早就越过瓜沥向着更加遥远的地方。

2020年春天，我像走进自己家一样走进瓜沥。参观过现代化的七彩小镇，最后落脚在航民集团史料馆。

坐在航民集团总部办公室，翻阅两大本《航民村志》，有关瓜沥的故事一一浮上脑海。

瓜沥的瓜，瓜沥的庙，瓜沥的厂，都在记忆里向我奔跑而来。

塘头街

王葆青

"塘头街是瓜沥镇最老的一条街"，一位家住瓜沥镇的女同事这样评价。我对此有同感，亦有愧疚，因为之前，即便我和瓜沥有某些渊源，我也并不知道它，只是泛泛地知道瓜沥镇上有老街区。

我总算找到机会"弥补"：一个周日，我冒着暑热前往，对瓜沥老镇区做了一次探访。在踏上塘头街前，我有过无意识的铺垫，先在眼花缭乱的东灵路梦游，直到来到人民路口，望见斜对面过塘河宾馆边墙上两个斗大猩红的"拆"字时，方始清醒。我来到塘头桥上，用一条河流清洗视线。

该是塘河，笔直的河流横贯东西，风漾飘带，提挈着琉璃的涟漪。塘河南侧该是"北海塘"——人民路聚合的大片街区，目前仍是瓜沥集镇中轴之一。我有些兴奋，离开塘头桥时，脚步不自觉移步海塘。

正午日头下，我从人民路各式建材店门前走过，这里，陶瓷、电动工具、板材、五金、窗帘、玻璃、缝纫设备乃至电动车和办公耗材等，应有尽有，阳光下，斑斓纷呈，我视觉有些不适，直到在一个岔口看到"塘头街"的标识，眼前始豁然一亮。

塘头街从人民路东稍向南张开角度，像条射线。我站在口子上往里看，一条两三米宽的小街，入口处地面上醒目的机动车禁行标志，给小街做了定性：步行（或适宜于步行的）街。

行人稀少，有位穿拖鞋的长者从门里走出来，把垃圾送到街对面。接着，一位穿背心短裤、手拎痰盂的老年男子佝偻走过。我试图向那长者求证海塘，他的嘟囔声我没太听清。回来后通过仔细翻阅历代《萧山县志》，总算找到原委：海塘经过瓜沥的部分叫"瓜沥塘"，年代至少可上溯至明清，先是明崇祯九年（1636），"县令顾莱议建石塘二百余丈"，其后在清康熙三年（1664）八月，因遭遇海啸，"塘坍二百余丈，田庐漂没，邑令徐敏则于要患处筑石塘一百丈"，便成就了今天塘头这一带的海塘。其后，由于江水改道和南沙大堤外围垦等，北海塘逐渐废弃，瓜沥塘逐渐演变成交通干道和聚居点，如当下所见。

塘头街兴起不知何年，作为遗存，眼下它低矮，简陋，像是风烛残年，或是一艘快要散架的舢板，只是很幸运，它还活着。它应该有过繁华，我怀疑人民路看到的那些经营形态，是塘头街原生态商业的衍生或变种。

就"塘头"二字的含义，我曾在塘头公园或其他场合讨教过老瓜沥，但他们均语焉不详，我推测大约和塘的发端相关；瓜沥塘东侧经党山通向绍兴后海塘，"塘头"自然成了分界。塘头外曾经是滩涂和海水，往来舟楫穿梭驻留，还有商旅行客，浪潮过去，"移沙换港"，历代围垦兴起，塘头街逐渐转型，经历繁华，萧条，退隐。

塘头街建筑以两层居多，上居下店那种，青瓦粉墙，正面采用木板，是典型的砖木结构形式。个别建筑的楼顶往上凸出一座天窗，房子之

间缺少皖南那种防火墙，一旦失火，必连片殃及，由此看，这些建筑能够存留到今天，是奇迹。偶尔也有几间低矮的"披子"，大概是辅房，也有作为店铺之用。塘头街应该有寸土寸金的年代，当一轮朝日升起，店铺开张迎客时的那份淡定或喧嚣，总是夹杂着生活气息的，那些商旅和赶潮人在此享受的短暂欢愉，凸现出塘头街的功用，陆海交汇处人类活动的一片旧栖息地，"扶桑吐晴曦"时，未尝不是一道风景。

毛奇龄是萧山人，曾经写过两首《瓜沥塘》，其中一首记录了清康乾之际塘头外所见："平沙一望出西村，海气微茫岛屿尊。雨后波涛归日母，秋来车马下雷门。楼台好傍蛟龙宅，木石应怜精卫魂。缘岸只今多戍卒，不堪烽火焰黄昏。"

由此，我甚至想到了西陵那样的军事效用，毕竟它曾经是杭绍海路上的一个前沿点，防洪和军事兼得，后来逐渐演变成居住和商业。

塘头街分西街和东街，西街几乎保留原貌，尽管有岁月沉淀的痕迹，甚至可以看到累加或分层。一处屋檐下的长条箱上，我看到了"萧山花边总厂劳动服务公司瓜沥分公司"一行字，其中，"服务公司瓜沥分公司"几个字只剩下依稀可辨认的残留，被"西街棉布百杂礼品店"替代。萧山花边是萧山的传统手艺，声名远播，"萧山花边总厂"是改革开放初期的产物，我青年时代还邂逅过一些该厂上班者，后来由于经济演变，这家厂早已转型，在当时的经营策略中，瓜沥显然是其销售环节中的重要节点，一如我在踏上塘头街前在东灵路上闲逛时看到的"新疆天润乳业"和"光明乳业""所前茶叶"等，它们都把瓜沥当作了前哨或据点。

继续往前。一个废弃的招牌上出现了"瓜沥西街轻纺配件商店"字样，包括前面看到的花边总厂的招牌，都是谋求转型的印记，但是可惜，未能成功切换，以至于呈现出当下的闲置状态。

时间，貌似不增不减，但愿我这个外来者不要惊扰到它。我从紧闭的"周日上午门诊——牙科"字样前走过，在西街东口附近，一间室内传出了聚会声，我和街对面一位大妈打招呼时，一位中年妇女走出来与我攀谈。她是街上的老居民，盼望老街能早点改造。出口左侧，"王平弹花店"的红色招牌醒目，这家店原来在横路对过，即便是一次迁徙，也未离"塘头"。但愿，人们和商业活动的附丽，能成为塘头街再生的由头。

过了横街，便是塘头东街，入口处是两家服装店，所在建筑属于现代建筑。往里走，不复老街模样，两侧店铺以服饰、鞋类和日用杂货为主，生意不错，显然，这一段承袭了些固有的商气，但作为载体的老街已被置换。我加快脚步，这一段出口右侧是一个公共自行车亭，"小红车"和亭背面的微型绿化带井然有序。

我越发担心起整座塘头老街的命运，我在西街看到的老旧以及居民改造的愿望，或许会加速某些进程。在现代生活模式下，塘头街如何凸现它存在的价值，找准自己的定位，是当务之急。我之所惑是老街当下的处境，那些从岁月中突围后的创伤无疑缺少自我疗伤机制，需要外力介入，如何找到某种契合点，恢复老街造血功能，让塘头街重新焕发活力，需要未雨绸缪。

越过横路向东是塘头街延伸段，口子上两幢老建筑，显然经过了改造，呈现出惯常风格，如何保有原有风貌和元素，是大课题。我越往里走，越来越体会到某种矛盾心态，改造的难度系数在累加，改造容易导致个性化减退，而同一性增强。譬如右前方那幢破旧的两层老建筑，即便做简单的修旧如旧也不容易，如果再考虑和周围的协调、功能的延续或提升，更得在更高的系统性的层面去谋划。

我感受到脆弱，目前塘头街留存下来的建筑，都是幸存者，作为见证或承载者，它们理应得到呵护和理性对待。塘头街的某些脉络仍清晰，譬如弄堂，在它向两侧枝状散开再合成的冠状图景如同血脉偾张。我注意到"谢家弄"，它由街面向南延伸到低处的青石板泛出亮光，两侧是建筑群，蔓延到一条河流边——十多年前，那条河流乌黑发臭，而今，已然是一脉清流。

还有"十一间弄"，夹在塘头街和人民路之间，我对于其来历一无所知，未来迷茫，那一刻，我生出悬浮感，塘头街貌似真正缺氧，或是入定——但愿它只是如老衲般与时光和光同尘了，神秘且自有尊严。

而我，则是不确定性和期盼并存，需要回撤。最终我从深井似的状态中走出来，走上一座"天打桥"，我望见对面的塘头社区，突然觉得，塘头街不该只是地理符号或某种具象，它甚至不仅仅是一枚情感标签，它应该成为这座城镇的文化图腾，它蕴藏，一如我脚下这北海塘南侧的河流。你看，河身敞亮，作为微型净化装置的小浮岛排列有序，水草浓绿。或许，河流知道塘头街的秘密，或许，塘头街本身就是一条河流，正待被人唤醒！

古桥之音

陈亚兰

瓜沥，是一个伴随我不断成长的新型小城市，交流会，挑花边，白龙寺、航坞山，航民实业、首富村、航空港……一串串各具时代特色的符号不断在脑海中跳跃。

但这次采风，瓜沥古桥，又给我增添了一个富有历史感的符号。

那天，从瓜沥南大房出来，路过一座小石桥，"这桥已有 500 年了，与南大房一样的历史。"许绍雄老师的一句话，像一粒种子，撒落在我心里。

石桥，架在瓜沥南大房北面一条叫里湖的河上面。这里河说起来，像血脉一样，环绕着党山整个村子。当地人世世代代生活在这里河的怀抱里：洗衣淘米，浇菜灌田，浸泡络麻，和泥建房等，靠着里河的水长大而老去。久而久之，当地人称里湖为"母亲河"。

上了石桥，看到桥栏右外侧有一处字迹，但已被岁月侵蚀得难以辨认。恰好，许绍雄老师挥着手过来说："'永禄桥'，500 年了，从来没有修缮过。"我心里一阵惊叹，居然 5 个世纪了，还安之若素！

听说，这饱含沧桑的石桥下面，还有两条纤夫甬道。可见，这里

湖曾是船运时代的交通要道。它西通萧山，东达绍兴。在乌篷船、脚划船的年代里，曾有过陆游《闲游》中的"禹会桥边潮落处，夕阳几度系孤篷"的情景。

　　古桥、古道、古建筑，里湖的两边，有过一派江南水乡的风貌。

　　一粒种子，在我心里不断滋生与蔓延，翻阅《乡土党山》。了解到仅在一段千余米长的里湖上竟有四座古桥：迎福桥、永禄桥、延寿桥、永福桥。

　　四座古桥，像里湖上的四只手环，而更确切地说仿若是旗袍斜襟上的四粒胡桃盘扣。胡桃盘扣在旗袍的那条直线上，连接着衣襟。这桥是架在里湖上，连接着南北东西百姓的交易与交流。古桥在古朴意蕴中洋溢着丰富的内涵，就像胡桃盘扣中那个古老的中国结，散发出未曾消淡的气韵。

　　石桥，遍布江南水乡。从小在小桥流水旁长大的我，见惯了城河边上的梦笔桥、仓桥、凤堰桥、泂澜桥等，但都是单孔石拱桥；读过马致远的《天净沙·秋思》，刘禹锡的《乌衣巷》，张继的《枫桥夜泊》，描写的同样是单孔石拱桥。唯独里湖上的"永禄桥"和"延寿桥"是三孔桥，桥孔并不是月牙形状，也没有过脍炙人口的诗句。这三孔石拱桥，是以两块石板竖直顶着桥面分隔成三孔而就，简洁单调，却增大了桥孔的空间，显示了造桥者的智慧。

据说，500年前，里湖曾是阻断南北交通的障碍，没有桥。后来，为方便村民交易与交往，乡民在里河上搁了木板，即有了一座简易的小木桥。

现存的"永禄桥"，是在明代万历年间，建南大房时，拆除旧木桥后筑起的石桥，命名为"永禄桥"。兴许是南大房人，在岁月沧桑中遭受了洪水的侵袭后，而寄托的良好愿望。为保一方百姓平安，特意从《群书治要》中挑选命名："保世持家，永全福禄者也。"寓意深刻，预示安康、幸福、长寿。接下来其他三座石桥分别以"福、禄、寿"命名。

以三块石板并列竖立的三孔"永禄桥""延寿桥"，至今完整地保存下来，成为瓜沥最古老、最牢固、最有历史感的石桥。它目睹了17世纪80年代，倭寇横渡东海，跨入党山延寿桥，进行奸淫掳掠的恶劣行径；见证了南大房的许勘公愤怒之下，率领党山乡民揭竿而起，以蓝布为旗号，以铁耙、锄头作兵器，在延寿桥上大败倭寇，活擒寇首交于官衙处置的抗倭斗争史；也见证了抗战时期汉奸部队"和平军"坐镇南大房，抓捕四明山抗日游击队的罪恶；经历过土匪欺压百姓的斑斑血泪史。

风雨历史，成了一本教科书。至今，桥两边的石狮子仍如磐石般守护着，即使是在"文化大革命"时，石狮子上也仅落下几条浅浅的痕迹，没有破损断裂之痕。它以不同姿态在哂笑中检阅着"前水复后水，古今相续流；新人非旧人，年年桥上游"的岁月更迭，流水相续的古往今来。

可想，这古桥上，曾有多少人，遥望茫茫的南沙大地，冒出仿若笋尖不成规律的茅屋，却看南大房瓦楞砖房似一面大镜子，照见自己身上的粗布黑衣，脚下的泥地草垫，又仰望苍天发出声声感叹：我们什么时候也能有一间像样的瓦房？又曾有过多少人，端着陶瓷茶杯，在桥上控诉日本佬趁着大雪纷飞穿上白衣裤渡江过来，在皇塘上筑起岗楼，架起迫击炮阻隔了欲求温饱生活的老百姓，老百姓仅数着几粒罗汉豆日度三餐。试问大地：我们什么时候能吃上一碗白米饭？也曾有过多少无奈人士，待在桥上，脚下平静的河水在缓缓流淌，树影在云天荡漾，像一幅拼图，拼得一会儿像马。倏然飞出向往，哪天能让我骑上马去京城？一会儿又拼成一群小鸟，有了梦般的念想，哪天能跟小鸟一样可以自由翱翔蓝天？

如今，沉静的古桥，像一潭荡不起涟漪的水，也正是蕴含着南沙人一样的实在与沉重。一块块原始石板叠拼得朴实无华，没有炫耀，没有亮丽花哨的装饰，就是以自身的朴实袒露出内涵的沉淀，显现出一种不求回报的无私奉献。这多么像因水而建、因潮而立的民族整体形象！

古桥承载500年的风雨，也承载了瓜沥人民的期待！当时建造中以"福、禄、寿"命名寓意着未来安康、吉祥、乐融福运的期许！正是瓜沥人民的美好企望！企望的正是今天的小康生活。

数百年来，瓜沥人民已孕育出百折不挠的精神，在对幸福生活的企盼中迎来了改革开放的春风。广袤的南沙大地迎来了发展的新机遇。古桥仿若旗袍上的寿形扣，福字扣，禄字扣，在传扬中华各民族文化中相互融合共同发展，成为历史见证者和文化遗产，代表着中华民族血脉相通、骨肉相连的经络，共同进入了和谐安康的大家庭，共创乐融富裕的繁荣。昔日的瓦房已成为洋楼别墅；翱翔蓝天不再是梦般的念想，因为自己家门前就有杭州大型现代化航空港！

　　至今，古桥作为一个历史符号，被赋予了新的使命，古桥之音仍在源源不绝，瓜沥在古桥寓意的期许中，已是我国综合实力百强镇之一。瓜沥人民喜欢茶余饭后依附桥头，谈历史与未来，叙说着"弄潮儿"的趣事，砥砺着"勇立潮头"的精神……

与许家后裔分享"南大房"

余观祥

五月的一个周末，我随萧山区作协采风团一行，去素有萧山东片金名片之称的古建筑群——"南大房"参观。此前，我虽在东片工作，早想一探党山许氏南大房尊容，但一直未能成行。

9时许，大巴顺利抵达党山老街，七拐八弯，来到里湖河，沿河行走一段后，过永禄桥，一座白墙黛瓦、古色古香的古建筑，赫然入目，随行的社区王主任，随着手的指向，告诉我们，这就是南大房。

刚才还一路晴好的天气，忽然显得阴沉起来，星星点点地落下几颗雨滴，我们从南大房的东厢房边，一路向南行进，来到了正门。正屋由东西8间平房组成，宽敞的廊檐下，铺着平整的石板，圆形的石柱，支撑着廊檐中的木架，感觉特别坚固。横躺的石门槛，左右插装着两扇厚重的实木门，外侧再用铁皮包裹，显得牢不可破。这是萧绍地区大户人家典型的台门屋，其格调高雅、实用、防盗。

来到南大房，雨渐渐地大了起来，天空大有蓄意留客之意。不一会儿，瓦片上的雨水越聚越多，顺瓦沟飞流直下。向天井望去，飞流的檐沟水，犹如根根银线，把瓦沟中的滴水瓦，与石板紧紧地串连在

一起，很是壮观。水滴落在石板上，顿时飞溅起许多水花，水花与水花产生的碰撞，发出了美妙的声音，给了我们意外的惊喜。

迈步第二进，我们萧山作协的前辈、南大房的后裔，今年 82 岁，满头银丝、精神矍铄的许绍雄先生，迎接了我们。他以主人的身份，给我们讲述了祖宅的前世今生。

"我们老祖宅南大房，《山阴碧山许氏宗谱》中有记载，公元 1512 年，党山许氏始迁祖许承一太公，从绍兴市柯桥区马鞍镇迁徙到党山，在党山山南坡搭建几间茅草舍定居下来，以种地、晒盐、捕鱼为生。为了躲避钱塘江潮侵袭，到了第三代，便在'皇塘'南坡里河湖北岸，搭建起几间砖瓦楼房安居，世称'老台门'。这时候我们党山许氏已有八房子孙。大房许魁穷则思变，弃农经起商来，终于发了大财。于明万历年间 (1573—1620)，在祖居'老台门'南面里河湖南岸，建造起三进四合院式大宅院。"我们一行，随许老师，随着天井里的雨滴，一进一进地参观，认真地聆听介绍。

"时光流转，随着子孙繁衍，到了清朝道光十一年 (1831)，南大房第十三世云字辈后裔，在第三进背后，续建第四进。自此，南大房有 4 进 58 间房屋，占地总面积约为 4000 平方米。因是许氏大房子孙建造，地处许氏老屋'老台门'南面，俗称'南大房'。"许老师如是说。

"许老师，你家许氏老宅，真真切切成了萧山东片旅游的金名片，是浙江省保存完好的古宅群之一，现为浙江省级文物保护单位，它距今有 470 余年的历史，在'文化大革命'期间有遭到人为损毁吗？"我迫不及待地问。

"在那个特殊的年代，古宅都很难逃厄运。"许老师讲述后，表情显得十分沉重。

"2013 年，我们南大房作为重点项目，被列入萧山文物保护修缮三年计划。2016 年在瓜沥镇政府支持并监理下，对南大房实施了拆除违建、'修旧如旧'的保护措施，针对五十年前所谓'横扫四旧'的愚昧破坏，专门请来东阳木雕师傅，按照破坏后留存下来的痕迹，花了几个月时间，一一修补，最后终于恢复了原貌。但美中不足的是，大门顶上的'大夫第'、南大房的堂名'尊让堂'两块匾额，还没有挂上。"许老师用欣慰又略带遗憾的口吻告诉我们。

约莫过去半个多小时，雨有停止的迹象，我和随行的老师们似乎还意犹未尽，还不时地向许老师提些有关古宅的问题。参观接近尾声，临别前我又向许老师提了问题，"许老师，现老宅中还有多少户人家？全部都住满吗？清一色是许家后裔吗？"许老师告诉我："在南大房里有产权的现共有 44 户，常年居住的仅 11 户，其余的都是'铁将军'把门。常住户中，仅三户是许氏本家，其余的都是外姓住户了。祖上原先有个口头约定，即南大房里的房子，只能出让给本家，但随着时

170

间的推移,这个口头约定也就名存实亡了,于是外姓居民也就纷至沓来。与外姓人生活在同一个屋檐下,这也是社会发展的必然结果。"

告别"晴不戴帽,雨不带伞,行不出户,路不湿鞋",古朴典雅,建筑考究的南大房,从中,我看到了许氏先祖的智慧、实力和远见,看到了一张熠熠生辉的金名片,正在萧山东片大地跃然而起,她不用多久,一定会名扬海内外。

第二故乡，在浙沥

项彩芬

　　麦家在《人生海海》中说：生活不是你活过的样子，而是你记住的样子。重走曾经生活过的地方，常常会想起过去的自己，那年，那月，那时，那地的旧光阴。

　　从桃李到而立，女人最美好的年龄段，在小镇瓜沥，风雨相伴，人生中重量级的几件大事都在这块听说靠填海造田筑塘逐渐堆积起来的沙地上完成的。说是沙地宜种瓜，瓜熟了鲜甜甘沥，故名瓜沥，也称塘头。刚分配时，心情有些低落，以为是发配到了哪个乡下角落。所谓随遇为安，是你觉得遇到了比较好的生活工作环境、同事、朋友。到瓜沥的时候，这里已经是个纺织印染工业全国领先的小城镇，百业兴旺，跟城厢临浦是兄弟关系，是东片萧山的商业中心，基本上没有广袤无边的种瓜摘瓜的田园景象。单位正处于最热闹的航坞路上，沿街商铺林立。那时单位年轻职工经常在东灵路工人俱乐部穿着只有四个轮子的敞篷溜冰鞋滑旱冰，在楼顶露台上就着一台十七英寸的彩电和时常爆音的有线话筒扯上破嗓子放声高歌，单位对面东方大厦建起时，那个霓虹闪闪的舞厅里，跳交谊舞、迪斯科，徘徊在青春岁月的岸口，

嘴角不由自主地上扬，年轻是那么美好。这里有电影院，文化宫，包罗万象的老街，流光依依的巷陌，琳琅满目的商品，老排门处酒香过腊肠，正冒着烟的煤饼炉子，洋油炉子上一揭锅，美味绕巷，活色生香，小镇很有城市烟火味道。东片地区的年轻人甚至周边绍兴安昌大和的人常常赶到瓜沥来玩，我们的青春生活不缺色彩。

在瓜沥，提起航民村，那是无人不知无人不晓。日子过得风生水起，富甲一方，百姓幸福感爆棚。这个靠纺织印染发达起来的农村，那时候的优越感就是你到医院里来，只要报上"航民村"，旁人都会心生羡慕："哟，航民村的啊，你们好啊，看病不用自己花钱。"在并非人人都有医保的年代里，农民患重病是要穷三代的节奏，而那时的航民村农民已经可以在村里报销医药费，他们没有土地，不用面朝黄土背朝天，每年村子里可以拿到一笔可观的分红，走出来个个白白净净，穿着比城里人还要时尚，住的都是洋楼小别墅，拿得出砖块状大哥大的基本上是航民人。

"染缸、酒缸、酱缸"三缸致富，当时，萧绍的瓜沥、衙前、钱清、

173

安昌一带，靠"三缸"的裙带关系，互相牵扯着集体致富，航民村选择了"染缸"。村集体以 6 万元农业积累资本创办了萧山漂染厂，打开了航民集体经济的发展的局面。一个贫穷破旧的小村像是有了一艘渡河的船，载着村民们去探寻一个尚未全知的远方，掩上过往，收拾行囊，带着责任与坚守，把一个手工小作坊发展成资产超百亿的现代化企业集团，走向了期待中的幸福，嬗变为中国经济十强村，走出了一条共同富裕之路。

创业容易守业难，多少繁华，都可能湮没于光阴的水岸。彼时摸着石头过河，淌水流汗花心血，初为人中龙凤，还是有点青涩，机会就如指尖的细沙，当它来到时，如果不能及时握紧双拳，那么它就会匆匆滑过，这么多年跌打滚爬下来，生命已波澜不惊，已经非常醇厚，生命的厚重，就在于人间阅历的丰富。

往事如流水，在触景生情处徜徉迂回。思绪还在轻挽过往岁月的暖香，眼前却仿佛穿越未来，曾经以为往事已是过眼烟云，却看我们的前路，依然有着绚丽多彩的风景，赏心悦目，让你我流连。如今的航民经济仍然领航，环境比以前改善许多，而我，因为工作调动，已是个带着情怀来采风的温婉尘外客。

有着众多美誉的"浙江第一村"，如今更注重环境的保护与建设。你只要在村里一直走一直走，便一定会有风景等着你。航民村是在改革开放中成长起来的，没有古色古香的老建筑，他们有的是现代化的建筑，坐落在小城市里的精致别墅区。抬头望去，时光美丽着崭新的乡村，独具特色。在此基础上，建成新农村模板，航民田园广场，网红拍照圣地，占地 5 亩横平竖直的田埂地在油菜花盛开的季节一片金黄，像一块巨大的黄绒毯，与中间白色球形晴雨棚及东南西北四条长廊相得益彰，水稻生长的季节则一片碧绿，有种让眼球极度舒爽的规则美。

因为这样一条内容，萧山瓜沥镇航民村在朋友圈成了网红：千辛万苦创航民大业，千万金银惠村民百姓。为庆祝航民创业四十周年，航民村福利大发送，每个村民一块金条、一块银条收入囊中。

有幸得两本书《有一个村子叫航民》《航民，一个共富的村子》，记录了航民村的发展史，大潮起兮云飞扬，不是壮士不上场，那些熟悉的名字，航民村的领头雁以过人的胆识将日子过得风生水起。朱重庆说："过去的航民村，是社会主义新农村建设的一面旗帜，如今的航民村正带着希冀，重新出发，用心打造美丽的家园。"日子还是要过下去，保持倾心与清寂，按照俗世的规律，走下去，不慌不忙，勿惊勿扰，未来的路还很长，人生还有更多的故事等着我们的出现。

坐落于航坞山脚下的任伯年纪念馆，是近几年建起来的仿古建筑，是为了纪念这位用其五十六年的短暂生涯为后人留下数以千计珠玉般辉煌的杰作的瓜沥人，让人们在休闲之余接受顶尖艺术的熏陶。我们去的那天，这里正在举行一场青年企业家座谈会，集未来经济发展的生力军、青年才俊、中坚力量于一起，共同商榷如何保留传统，展望未来。

一个村子依然引领着走集体致富的道路，一个小镇更是走上了未来之路。一场措手不及的豪雨，让瓜沥，仿佛是经历了一场华丽"洗礼"，展现在我们眼前的是一个全新的很有设计感的建筑体，一个以现实映未来、以未来映现实的小城市小镇，景色多了几分时尚与妩媚。引游

175

人来寻景，寻诗，休闲娱乐。如果说瓜沥老街是一坛抱朴守拙的陈酿老酒，有着饱经沧桑的灵秀，那么七彩小镇就如一颗璀璨的新星，前卫新潮能量饱满，在时光轮回中透露出前行的动力。

"以后可以坐地铁到这里来玩，好有意思的地方。"随行的人感叹。

近水远山清风明月，你可以手握一帙书卷在书室神游，了然地静定生慧。也可以在酒吧露台花园面朝小镇凝目，看陌上繁华千万，让思绪如那奔跑的兔子，留温良在心上，那是一种清透的享受。你也可以在体育馆观看一场国际比赛，在家门口打开眼界，在健身房里挥汗如雨强身健体。或者三五好友，聚于茶室，接受禅心的洗礼。这里更是小镇的大脑，高科技的小镇智慧公共服务中心，让你办起要紧事来最多跑一次，这里交通便捷，风吹不到雨淋不着的最美室内公交站，如游乐场似的，等车就不急不躁了。等以后地铁五号线建起，加上附近的国际机场，交通枢纽融为一体，更大大便捷了社区居民的日常生活。

这是浙江省首个集公共交通、娱乐休闲、居住消费、公共服务等功能于一体，以"幸福、人文、邻里、成长、健康、时尚、便捷"为原则，结合瓜沥当地的实际情况，着眼未来，将公交枢纽纳入统一规划布局，综合考虑老百姓日常生活需求建造的一个具有中国特色的宜居型小镇中心。

遥想当年，思绪沉浸在某种微妙的情绪中，想着小镇的旧人旧事旧景，彼时的瓜沥镇新区、名店广场、明日宾馆、哥德曼、航民宾馆，那个时候已经觉得非常高端大气时尚，感动于小镇放眼未来不断推陈出新，让小城市的滋味始终美好。

瓜沥待了十多年了，瓜沥也应该是我的故乡了吧，不然怎么会对小镇的秀水青山柳暗花明凝结着只有故乡人才有的牵挂，那种执着的思念，为慢慢溜走的一些光阴，为那段人生中最美好的年华，为曾经的单位同事朋友，为那里的一草一木，更为瓜沥的历史，尽管离开，也会把小镇牵挂一生了吧，铭刻在人生当中的感动，偶尔会在梦里梦外逐渐清晰并定格。

星光不问赶路人，时光不负有心人。"要出彩，在浙沥——共奔未来。"

邂逅任伯年

颜林华

　　2020 年 5 月 17 日，萧山作家协会组织了第一次瓜沥采风。算是疫情发生以来，笔者参加的第一次集体活动。从萧山城区出发的时候，天是放晴的。大巴将要抵达瓜沥时，云朵逐渐变得灰暗起来，但丝毫没有影响情绪。"蛰伏"了大半年之后，再次来到这些熟悉的街巷，感觉鼻翼中充斥着花草的清香，沁人心脾。往常雨打车窗时发出的聒噪声，此时也是悦耳动听的。这次瓜沥之行的最大收获，应该是在时光穿梭中，"邂逅"了任伯年。

　　采风于我而言，就是表面走马观花般赏景，思绪浮光掠影般浮沉。从未去过的地方便是诗和远方，去了又去的地方依然念念不忘。归根到底，是乐于享受那种由内而外彻底放松的过程。与其说是采风观景，不如说是净化心灵。我们首站来到了萧山地区古民居当中规模最大的许家南大房。如果要在瓜沥境内寻觅古人旧踪，触摸历史的足迹，南大房是必去的打卡地。那天的大雨不仅没有浇灭我的热情，甚至还平添了许多迷人的风景。就说那串珠成线的屋檐水，在白墙黑瓦间形成了一排排雨帘，别有一番韵味。一位同行者身穿棉麻长裙，撑着一把

小伞，穿行在古旧的明清建筑中间，感受厚重的文化底蕴。身为半老青年的我，平生第一次在抖音上开起了直播，带领四面八方的网友们"云"游南大房。倘若说眼前颇具特色的老房子承载着这片土地的古老历史，那么后来去的七彩未来社区，就寄托着瓜沥人的梦想和未来。

对于那些知晓瓜沥，却没有过多关注的人来说，如今再访瓜沥"核心区"的话，势必会和我一样惊讶到瞠目结舌。瓜沥的变化，真的可以用天翻地覆来形容。大街上鳞次栉比的高楼大厦，也算是其中一个强有力的佐证。最近这些年，瓜沥走在了改革开放的前沿阵地。这里的一方百姓，亲眼见证一个名不见经传的小城镇，逐步向着与国际接轨的"双一流"小城市转变。社会经济发展了，文化建设更不能落后。提到萧山瓜沥的文化金名片，首推中国近代海派绘画巨匠任伯年先生。

采风那天下午，天色突然好转。我们一行人按照原定计划，来到了位于航坞山脚下的任伯年纪念馆。一到馆里，我就迫不及待将任伯年的介绍资料，悉数用视频形式记录了下来。之后一边仔细聆听解说员的讲解，一边欣赏着任伯年的画作。看着伯年先生的画像，恍惚间，竟然有种似曾相识的感觉。看来，此次"邂逅"，让我对这位绘画大师，产生了极为浓厚的兴趣。

1840年，第一次鸦片战争爆发。时年夏，任伯年出生于浙江山阴航坞山下（今萧山区瓜沥镇）。他自幼随父卖画，年轻时颠沛流离，辗转萧山、宁波、苏州、上海等地，56岁卒于上海。一生清苦，画艺惊人。他擅长画人物、花鸟、山水等，有数以千计的作品流传于世，被徐悲鸿称为"仇十洲后中国画家第一人"。

任伯年能有日后的成就，其父任鹤声是当之无愧的引路人。任父是一介米商，又是一名民间画像师。在父亲的耳濡目染之下，任伯年在绘画方面表现出了极高的天赋。据说任伯年年幼的时候，一日父亲外出，恰好有朋友登门造访。父亲回来后问起，任伯年便拿出纸笔，快速画出了来访者的容貌。还有许多诸如此类的奇闻逸事，如珠子般散落在任伯年到过的每个地方。

恰好，采风当天纪念馆内正在举办"紫韵天成"紫砂艺术精品巡展活动。实乃三生有幸，我第一次见到了任伯年存世最大的紫砂作品——天猫瓶（玉成窑之王）。任伯年作为一个书画大家，却在清末时期就制作出如此精美的紫砂作品，功底可见一斑。晚年的任伯年，喜欢用紫砂制作各种器皿，还捏塑了一尊父亲的小像。不过，靠卖画为生的他，因"玩物丧志"而荒废了画事，生活实在凄惨。据说有一天，愤怒的妻子把他案头所有的器皿都扔到地上砸碎了，只有任父的那尊小像"没敢动"。

任伯年一生都在卖画。从曾经"仿冒他人"（据说他年轻时曾画扇面画，署名任渭长，后被其发现，反而阴差阳错让两人成了师徒，这又是另外一个故事）到后来一画难求，任伯年的创作之路一直很"纯粹"。他不刻意迎合任何阶层，就大大方方卖画，却独树一帜，形成了自己独特的艺术风格。可惜，自古才子多薄命。任伯年生于鸦片战争年间，年轻时丧父，后来染上肺疾，据说为了止痛开始吸食鸦片，临终前还被亲戚骗去了一生积蓄，令人不胜唏嘘。

近年来，任伯年的画作拍出过上亿元的价格。但相较齐白石等人，任伯年的名头显然还不够响亮。他的名声和地位，甚至比不上他的徒弟吴昌硕。当然，其中有着诸多原因。事实上，任伯年和吴昌硕之间可以说是亦师亦友的莫逆之交。任伯年曾为吴昌硕画过多幅肖像画，几乎每幅都成为名作。其中《蕉荫纳凉图》（也有作《棕荫纳凉图》）便是一幅代表作，画中的吴昌硕袒胸露乳，自在闲适地迎风乘凉，好不惬意。而吴昌硕，也曾为任伯年精心镌刻多枚印章。

任伯年被称为"海上画派巨擘"，其代表作众多。有心人，可择日前往位于瓜沥任伯年纪念馆一探究竟。他在中国美术史上产生了划时代的影响。这位从萧山走出去的画坛巨匠，肯定没有忘记，曾经孕育他的故乡；而他故乡的人们，在缅怀他的同时，也将不断探索前进的新方向。

瓜沥那条穿越百年的翠苑河

吴春友

瓜果飘香，甜水沥沥，越到前头越兴旺。瓜沥镇前兴村，有一条名不见经传的小河——翠苑河，一直让我魂牵梦萦。

这是我小时候居住的地方，早先，在钱塘江与曹娥江上游水的冲刷下，形成了一望无际的沼泽洼地，先人们为了"屯垦戍边"，硬是在滩涂上挖出条条无名之河，河面宽窄不一，弯弯曲曲，坑坑洼洼，但水生万物，春天摸螺蛳，夏天去游泳，秋天钓黄鳝，下雨天抓鱼。而雨季一到就时常涨水，淹没两岸不少田地，先人们只有车水度日。

想起了童年的夏季，我们光着腚儿欢快地玩玩玩，几乎变成了一条条鱼，天天泡在水中央。戏水最大的乐趣是自由自在，在柔软得不能再柔软的水里，浑身荡漾，人与水共生交融着。

时过境迁，一转眼就是半个世纪，当年的我如今两鬓斑白。乡邻们都是从艰难的岁月里走来，经历了食不果腹衣不遮体的苦难生活，由此造就了萧山东片人的勤俭节约、艰苦朴素的乡风。穷则变，变则通，"东方风来满眼春"，当时，前兴村抢抓机遇，励精图治，勇吃头口水，化纤织造、卫浴洁具等作坊企业一夜冒出来，农、工、商齐头并进，老乡成了"三栖农民"，早上卖菜做商人，白天上班做工人，晚上种地做农民，村民的日子就这样一天天好起来了。

"两个黄鹂鸣翠柳，一行白鹭上青天"，在那春天的季节里，党中央及时吹响了全面建成小康社会的号角。前兴村班子领导审时度势，积极作为，上下一心，凝聚共识，在全面转型、赶超进位的实践中不断抢占先机、赢得主动，打造优势、率先奋起，带头建设社会主义新农村，开始全村范围内的河道整治、驳岸建设、绿化土方回填造型、苗木种植、园林建筑营造和亮化工程实施等，翠苑新居拔地而起，一大批老乡迁入新居，提前享受小康生活。随着"五水共治"工程的不断完善，搞好垃圾分类、建设美丽庭园成了老乡的自觉行动，翠苑河、翠苑桥以及翠苑公园、翠苑大道应运而生。

风生水起，翠苑河从此成了新时代前兴村最靓丽的景点，它长得像镜子一样，明亮，洁净，它的眼中有着蓝蓝的天，洁白的云，飞鸟的掠影，静静的花草。若是碰到细雨绵绵的天，入河之水如同一缕琴弦，弹奏着轻快的抒情曲。河边次第展开着香樟的浓绿，竹子的青翠，杨柳的袅娜，桂花的飘香。沿河行走时忽见锦鲤成群，优哉游哉，不断地掀起道道波纹，在阳光下闪耀着明媚的彩晕。

沿河翠苑公园利用景观自我修复功能，整合鱼塘水域资源，通过理水筑岛的手法，将亭、轩、景观桥等具有江南特色的园林建筑、丰富的乡土树种及湿地植物融入整个环境中，各种植被，错落有致；枯树逢春，苍劲挺拔；香樟婆娑，原地屹立在河中的小岛上。公园内设置了健身广场、健身步道、网球篮球广场三部分，漫步在此，令人心旷神怡，流连忘返。

透过翠苑河面，我们可以清晰看到河底的水草。这些叫黑藻，这一株株水草就是翠苑河的"净水器"，默默守护着河道的清洁。每隔一两个月，保洁人员便会在河道旁集中打捞水藻，控制其生长速度。

"做梦都没有想到，儿时的无名小河会变得这么美丽宜人。"我站在翠苑河湿地公园的凉亭里，看着眼前流水潺潺的自然环境，不禁感慨万分。

2020 年以来，前兴村开始对翠苑河流经的东片洼地区实施综合治理，将生态景观、文旅与河道整治自然融合，使村东片区形成一个防洪排涝包围圈，打造出水清岸绿景美的人水和谐景观。

夕阳西下，夜幕渐降，路灯隐隐约约，闪烁变换的灯光勾勒出一个梦幻世界。运动的人开始三三两两，渐渐越来越多，有些在静坐，摒弃都市的喧闹；有些绕着游览风光带漫步赏景，有些在昂首挺胸健步前行；清新空气，沁人心脾，人宛如在画中游！

我久久站立在那里，脑际浮起一个联想。如果这条河是挂在翠苑新居脖子上的项链，那么这些锦鲤是嵌镶在项链上的宝石。如果把翠苑新居比作一个美女，那么这条翠苑河就是美女的两条长辫，令人瞩目的是辫子上缀着鲜艳美丽的头花。

长期以来，前兴村通过河道、土地、立面环境的提升改造、群众参与，让多元的沙地民间文化得到传承和发扬。特别是近年来，文化长廊、文化礼堂的建设，道德讲堂的设立，农民文体周活动的深入推进，全域美丽乡村旅游先行示范区项目全面启动，让社会主义核心价值观深入了民心，村民素质和文明程度不断提高，前兴村获得了省级垃圾分类先进村、市级森林村、文明村等美誉。村负责人说，前兴村是个

水文化土资源大村，今后五年，全村将在种文化上创新示范，着力提升区域软实力。

还记得风吹绿浪满坪络麻，写成了一面旗帜的佳话，还记得水稻飘香小麦扬花，笑红了前兴百姓的脸颊。三官湾河唱着纯净的歌谣，流淌着一路美丽的繁花，北塘东路跳着奔放的舞蹈，描绘着一幅生动的图画。把希望种进土地，勤劳耕耘春夏秋冬，把文化种进心里，快乐书写人生诗话。翠苑新居诉说着，诉说着幸福的故事，美丽村道铺设着，铺设着富裕的密码。文化的种子就如春风般温泽着每个人，欢快之情如佳酿的土酒芳香四溢，老乡们兴之所至，每到夜幕降临，前兴村文化礼堂锣鼓齐鸣，太极拳队、广场舞、排舞队意气风发的劲头成了流动的风景线。

前兴老乡的小康生活得以体现，就此，我把自己这些年的心声编成了一首诗:"鸟语催人醒,蛙音伴梦乡;翠河绕新村,大地披盛装。"

岁月沧桑,一条翠苑河的美丽蝶变,就如一缕缕惬意的清风,一滴滴晶莹玉润的甘霖,更如星星般熠熠生辉,生活的幸福,是甜美的,似梭般流逝的时光更弥足珍贵!

走过航民村

朱振娟

1994 年的春天，24 岁的我从一所乡村中学的代课教师队伍里走出来，想"下海经商"，那时的"下海"在年轻的我的头脑里只有一个念头，就是拿比代课老师 80 元要高的工资，找一个能包吃包住的工作，每月还有零花钱可以去看场电影。

那时候的萧山热土非宁围镇和瓜沥镇莫属，他们那里的"万元户"和"新农村"在当时的萧山作为典范被推广，中央也经常有领导人来视察。

我虽然身处风景如画、桃花源般的白马湖村，但当时村里的企业少，主要以农业为主。许多年轻人都外出打工，有的去广州，有的去深圳，我也有外出打工的想法。我高中同学跟我约好去深圳的服装厂打工，但我因母亲身体欠佳，弟弟年幼而放弃。

我跟母亲商量，决定去一个一周能回来一次的地方打工，这样既能减轻家庭负担，又能在外独立。于是我在朋友的推荐下进了瓜沥镇的航民宾馆做服务员。

记得当时给我面试的是朱总经理，后来才知道他就是大名鼎鼎的

浙江航民实业集团有限公司的董事长朱重庆，是中国农村创新创业的带头人，曾荣获全国新长征突击手、第二届"全国十大杰出青年"、全国劳动模范等荣誉称号。朱总经理在我眼里始终是那个憨厚、亲切、幽默，喜欢叫我小朱的"重庆师傅"。

航民宾馆是1993年开业的，虽然规模比当时萧山城区的某些酒店要小，但在当时萧山东片人的心里，它就是自己的家！

我吃住都在酒店，四个人一个房间，当时我的工作主要是负责接待，年轻的我感觉自己像一只飞出了笼子的小鸟，从当时繁杂的代课工作中解脱出来，心情是愉悦的。

工作了一年左右的时间，父亲从村里打电话来说给我联系了一个西兴文化站联络员的工作，当时的西兴文化站正在筹建，需要人手。因为考虑到西兴镇离家近，而奶奶又因风湿病偏瘫，母亲种地劳累还要照顾老人，我决定不论联络员的工作成不成，我都要走了。

第二天我就办了辞职手续，匆匆踏上回家的路……

瓜沥一别二十六年，这二十六年中，我虽然偶有梦见年轻的自己在航坞山下奔跑的身影，却再也没有重新踏上那片热土！直到 2019 年底，同事说要乔迁新居，她的新家安在瓜沥镇的名港城清华园。那天，我和同事们热热闹闹地庆贺了一番，她的新家环境优美，绿树成荫。瓜沥镇已不再是我记忆中的瓜沥镇，现在这里已是瓜沥新城，周边高楼林立，配套齐全，机场高速穿城而过，我那个年轻时做过的航民梦，已在更年轻的一代人心里绽放，他们将在这里安家落户、繁衍生息！

　　虽然，航民宾馆的工作经历只是我人生中一个小小的驿站，但我会为这段经历铭记终生，因为它是我青春热血的见证，也是航民村发展壮大的见证。

航坞颂

蔡惠泉

瓜沥，系萧山东部重镇；航坞，乃这块热土上神武无比的守护神。

萧山，襟江濒海，"据钱塘要冲，两浙往来一都会"；先民择水而居，舟车楫马，水行如飞。故航者，劈波斩浪，驰骋在浩瀚无垠的江海之上也；坞者，养精蓄锐，停泊在风平浪静的港湾。

瓜沥采风，与江水同行，体验驾驭风浪的弄潮奔竞；航坞登山，偕松风攀缘，浸润于物我两忘的道骨仙风；钱江（电气）观瞻，思创业艰辛，亲历走向世界的探索里程。

有人说，不登航坞山，就不能算到过瓜沥。

攀登航坞，有盘山车道；拜谒白龙，须登数百级石级。其实，爬山要亲历，绿树掩映，拾级而上，从树丛中向北侧的山下望去，是一片辽无边际的繁华城区：现代建筑，色调五颜六彩，排列鳞次栉比，错落有致，犹如当年停泊在航坞港湾休憩的千百艘整装待发、扬帆启航的海船。

此情此景，可追溯到300年前。

清代的航坞山下，还是唐代钱塘令罗隐描绘的"怒声汹汹势悠悠，罗刹江边地欲浮"的茫茫江面。富阳新登籍的科举宠儿，与航坞人同饮一江水。沧海桑田，水道变迁。钱塘江由南大门北移为中小门，再走北大门：奔腾的江水，从穿行在坎山与赭山之间，跨越到禅机山与河庄山之间，再腾挪到岩门山与河庄山以北，至海宁城南海塘间。由此，融入萧山版图的有整整相当于两条江道宽并连同河床、滩涂的地域，上天做主，成了航坞山下的绿地。而江水在海宁新辟的航道上，"庐墓田园付诸川流"。这是历史的变迁，恐怕江对岸神通广大的菩萨，也回天乏力。

海宁的一大片田园及附着之上的村民犹如经历了大陆漂移，来到江的南岸，年长日久，"隔江而治，纳课诉讼均不便"，终于在清嘉庆十八年（1813），行政区域划归萧山。

窃以为，这恐怕与航坞山巅的白龙寺有关。北宋熙宁年间（1068—1077）就坐享航坞人之香火，笑纳耕海船民的膜拜，不可能没有家乡地域观念，呼风唤雨、腾云驾雾的白龙，吃水管水，令江水改道，显现神威。

从这个层面上来说，是航坞山滋养了这片广袤的土地。由土塘、条块石塘、"丁由石塘""鱼鳞塘"等人工建筑组成的古海塘，称作"北海塘"，西起西兴，经长山，东至瓜沥，全长42千米，以防御海潮侵蚀。先人构筑的海塘，渗透着历朝历代祖先喷洒的热血与汗水，其时段即使从吴越王钱镠亲率将士"射潮"震慑龙王，修筑捍海石塘始，也有上千年历史。当年，瓜沥居北海塘的东端，故有"瓜沥塘头"之名，"头"者，肇始之端。瓜沥是随着钱塘江江道的变迁而逐步扩展的。在宋代，这儿被称为"瓜沥里"，这个"里"，其行政级别，也即与当年亭长刘邦管辖下的一级村民组织相仿。直到清代，这儿还被称"瓜沥庄""瓜沥市"。当然，这"市"，是与"三日一集、五日一市"的"市"同义，是"善商贾"的起源与传承。再者，从现存瓜沥镇下属的村庄名称中，也可发掘出它曾与海潮为伴的历史：镇海村、渔庄村、横埂头村、张神殿村、沿塘村、梅仙村……，史志有记，曾经的瓜沥区辖夹灶、党山、长沙、坎山、光明、大园、昭东、益农 9 个乡和瓜沥镇，总耕地 11 万亩，除了昭东乡为水网平原区外，其余均属沙土平原区。

这儿的人们，世世代代耕海牧鱼，商贾交通，演绎着拼搏抢险、永立潮头的开拓精神。中共早期发起人之一、中国现代农民运动的先驱沈定一是长巷村人，他曾经的儿媳妇杨之华是三岔路村人，孙女瞿独伊，其生父沈剑龙，都出生在这片不屈的土地上。长巷村有千余年历史，沈氏名人辈出，从明代的女英雄"游击将军"沈云英到改革开放后捐巨款建造"明德中学"的香港乡贤沈明德，爱乡爱国，心昭天日。

其实，航坞山就是金山银山：矗立江南，松涛阵阵；俯瞰江面，白帆点点。猿猴攀岩，鸟道绝境；禅院深深，晨钟暮鼓。如此人间仙境，至少在元代已经形成，这有晚年定居于杭城武林的一代艺术大师萨都剌赞誉航坞山的诗篇为证："拂衣登绝顶，石磴渍苔纹。鸟道悬青壁，龙池浸白云。树深猿抱子，花暖鹿成群。更爱禅房宿，泉声彻夜闻。"（《航坞山》）"危峰插云霄，雷雨时大作。上有白龙宫，中天起雷阁。"（《航坞山》）"丝萝岩下叩禅扉，一路盘盘绕翠微。空际瀑流如电急，山头雪拥似云归。"（《真如寺》）明人来三聘、江淮描绘山势的诗句同样令人叫绝："云连沧海檐楹下，天接星河咫尺间。"（《宿航坞山》）"脚踏丹梯入云冷，手捧日月空中游。"（《航坞山》）如

192

此仙境般的生态环境，直到清代依旧："两山相望郁嵯峨，竹树交加似苎萝。我欲买山从此住，眼前常见锦江波。"这是清人张文瑞的作品，尾联写尽挚爱航坞山之情感与爱意，甚至与数千年前的西施故里苎萝山相媲美；其表达方式和所用措辞，与几百年后的风流才子郭沫若题维纳斯塑像（《Venus》）诗异曲同工。

千百年来，生活在航坞山下的"航民"，摸透了"罗刹"江的脾性，领略着航坞山的胸襟，什么风浪没有见过，哪种年岁他们不曾煎熬。即使在"以阶级斗争为纲""与人斗其乐无穷"的年代，也不忘助人为乐，做出敢为天下善的举动。大约在50年前，航坞山下现航民村村委会驻地的"方迁溇村"中发生了一桩离奇的故事。传说此处有妙手回春的神医白求恩坐诊，免费为人治病，挂号员是解放军战士雷锋，抓药的是张思德——"老三篇"中的主人翁，就差了一位挖山不止的老愚公。喜闻此讯，萧绍地区的人们慕名前来求医问药，他们拔上几株航坞山的草，采几片方迁溇的树叶、树皮，甚至抓上一点土，珍藏着带回去，作为良药。要知道，在那个年头，七亿人有六亿多是没有医疗保障的。

改革开放，犹如放开了海禁，"天高任鸟飞，海阔凭鱼跃"，蛰居多年的水手、船夫们拉上桅杆，扬帆启航啦！

钱江电气起步于20世纪70年代，始于光明公社的一家家庭作坊式的社办企业。掌门人项忠孝是航坞的儿子，如今回顾人生经历，其创始阶段犹如柳青笔下《创业史》中的梁生宝。尽管他只有小学文化，然天赋聪颖，勤奋好学，吃苦耐劳，志存高远。在生产队担任过记工员和会计，左手算盘右手字，毫厘不差；落（下）船会摇，上岸会挑，18岁就是一个像模像样的十足劳动力。入伍后五年的军旅生涯，在军械所学得军工机械的修理与制造技术，车、钳、刨……十八般兵器样样精通，回乡后居然自己动手制造了牛头龙门刨床等多种机械设备，为泥腿子种田人崛起于陇亩，产品走向世界，打下了扎实的基础，撑起了创业的大旗。钱江电气从无到有，从小到大，由弱转强，享誉世界。厂史陈列室的墙上，一幅硕大的销售范围示意图，标识出从这里生产的变压器，远销世界各地。

在洁净明亮的仓库里，巨型变压器列队整齐。当我见到由埃塞俄比亚订货的产品型号为"SF2—50000/220"一排变压器时，恍然间，感觉自己仿佛成了当年揭竿而起的陈胜的山里老乡——在陈胜称王后，那些躬耕陇亩的农友见到了巍巍宫殿，发出惊叹："夥颐！涉之为王沈沈者！"我想，其中的缘由，当与还是一介草民的刘邦，见到秦始皇出行的排场及威严而由衷感叹："嗟乎，大丈夫当如此也！"立志干一番大事业相关联。

民间传说，萧山的项氏是项羽的后裔。楚汉相争，霸王称雄，演绎出一系列故事，湘湖中的压乌（江）山、西兴（现属滨江区）的虞姬池等，都有渊源。

21 世纪的中国梦，为每一个中国人提供了追逐梦想的理论支持，就像由闭关锁国转变为放开海禁——航坞山张开双臂，航民人走向世界，瓜沥里笑迎天下客。

航坞山记

陈雨声

久闻"航坞听梵"之名，却未到过航坞山。六月的一天，跟随萧山区作协的老师们来到了瓜沥，刚好遂了心愿。

航坞山不高，主峰海拔 300 米不到，但在萧绍平原上，也可算是高山了。远远看去，也看不出什么特别之处来，这大概和我来自大山，看惯了各种各样的山有关吧。山里虽没有了元代诗人萨都刺笔下"树深猿抱子，花暖鹿成群"的景象，但还是别具一番风味的，盘山公路蛇一样盘附在山间，路两旁散布着郁郁葱葱的丛林，不知名的鸟儿一会儿跟随大巴飞翔，一会儿高高飞起，投向远处的山头……

在山腰的广场下了车，沿着石阶拾级而上。山上，随处可见松树的虬根，紧抱着裸露的山石；一片片绿油油的茶林，镶嵌在山与山的间隙；小壁虎光着脚丫，慌慌张张地闯进游客们的相机镜头里……正是梅雨时节，虽晴空万里，但空气中总充斥着一种黏稠的东西，让人感觉闷闷的，没走上几步，衣服便湿润了。不一会便来到了山门前，门楼上镶嵌着书有"白龙禅寺""航坞听梵"的镏金匾额，这便是白龙寺了，寺院主体风格为前中后三进大殿，辅以诸多禅房偏院。这是

一座始建于北宋时期的寺庙，传说龙光法师云游至此，见山顶有白龙，遂结庐而居。南宋时得建庙宇，供观音、白龙像，故名白龙寺。

寺院香火旺盛，前来烧香的人络绎不绝，他们求子、求财、求功名，更多的，是求一份心灵的平静。很多上了年纪的，由年轻人陪着，他们神情肃穆、虔诚，双掌合十，跪下，向佛默念着自己的愿景。年轻人开始可能是不信佛的，只是纯粹地陪着长辈们上山，时间一久，也跟着信了。香火中充盈着一种神性，让人在有限的认知中，体悟着无限的可能性。有一天，年轻的陪伴者们也会老去，由后辈陪着，行走在和前辈一起走过的朝圣路上。

在山顶凭栏远眺，呈现在眼前的，是莽莽苍苍的大千世界。山脚下是零星的田地，田地外，是朝气蓬勃的小城镇，再远些，便是钱塘江了。站在此处，总有一种沧海桑田的感觉，史料记载，航坞山古时就濒江临海，往来船只皆以此山为航标，古时为兵家必争之地，越王勾践在此屯过兵，唐朝和明朝时这里一直有重兵把守，明朝时这儿还是抗击倭寇的战场。明末清初，钱塘江航道主槽北移，搁浅的沙地和历代的围垦，逐渐形成了成片的陆地。今天，车辆在纵横交错的街巷里穿行，鳞次栉比的高楼错落有致……谁会想到，脚下的这片土地曾经是大海，是大江，是沙地。世事变幻，沧海桑田，人，只不过是其中的一朵浪花、一粒沙子，随风而来，又随风而去。

相对于其他省，浙江省的文化是很具包容性的，在浙江漂泊十余年，一直寻摸不到其中的原因。到了航坞山，才隐隐感知其中隐藏着的奥义，在白龙寺，里面有个三教同源殿，儒、释、道三教的老祖并排于此，接受游人的景仰，他们同处一室，没有一丝违和感。一个排外的社会，注定是封闭的、落后的，大清朝如此，现在的很多省份如此。从浙江大地上崛起的阿里巴巴、万向集团、钱江电气等一大批优秀企业的发展历程中可看到，只有敞开胸怀，让不同的文化融合进来，才是蜕变之契机、发展之大道。

看一个地方的历史底蕴，不是看道路修得多宽敞，建筑建得多气派，而是看细微处，有时从一块残碑、一块断石、一棵枯树、几片破瓦中，便能闻出古老的时间味道来。眼前的白龙寺，虽然几经毁灭，几经重建，但还是能从不起眼的角落里找出些许历史的痕迹来。白龙寺最近的重建缘于一场火灾，建筑风格是按照原来的样式在原址上重建。寺中有一棵古樟树，在火灾中被烧得面目全非，师傅说，那树原计划是要砍掉的，可有前代高僧托梦给寺院主持说这树是白龙寺的神，不能砍，于是这棵树得以留存下来，是啊，砍了，谁来见证这白龙寺的兴衰呢，人来了会去，水涨了会退。那被烧得焦黑的树，被分成了两个截然不同的载体：一面，面容枯焦，静穆着死之永恒；另一面，生机盎然，焕发出生的美好。枯木逢春，也会有属于自己的春天，活着的一面，迎风抽出片片新绿，一天天，一年年，晨钟暮鼓浸润着顽强的初心。

寺内有暗龙湫，活水清洌，常年不干，可惜被封住了。据师傅介绍，暗龙湫的开放将提上日程，不久激滟波光将呈现于人们面前。龙湫旁堆放着很多碑石，都是历代遗留下来的，上面铭文依稀可辨，伸出手去，手指沿着铭文的线条游走，恍惚间，似到了那惊涛拍岸的岁月。

在白龙寺，最有名的要算"航坞听梵"了，作为萧山十景之一，是别有一番风味的。大殿里，众僧跏趺而坐，香火缭绕中，或《楞严经》，或《法华经》，或《大悲心经》……梵音袅袅，空气仿佛被抽空了，人置身于一片空明中。在短暂的宁静中，人如天空中一朵洁净的云，莫问归期，莫问前程，只是静静地漂浮着，独守心中那份特有的祥和。梵音环绕中，每一种存在都是有灵性的，石头沉默着，枯木走进了一个人的梦境，那些微小的尘土，在阳光的光柱里轻舞着时光的轨迹……

闭上双眼，试图去捕捉那一丝风，一丝在时空轨道中穿行的风。也许，千百年前，我们随风飘浮，以不同的形态，或尘埃，或流岚，或是这茫茫萧绍平原上的一缕执念。曾经，一个王，站在此山巅，挥斥着王霸之气，他执念自我，可终究无我，无缘于此山中，佛曰："前念之我固非我，后念之我亦非我。"海潮退去，潮声定格下来，成了山间流淌着的梵音，万物回归本我，山还是山，水还是水。只是，那山还在原地，那水，变成萧绍平原上一种遥远的回忆了。

试图走进一幅幅画卷里，比如元代萨都剌的"鸟道悬青壁，龙池浸白云"；比如明代来三聘的"云连沧海檐楹下，天接云河咫尺间"，但思维搁浅着，总迈不过越王勾践所忘记的那第一百座山头。

可以想象，这片土地经历着怎样的变迁。海水退去，江水退去，

只余茫茫滩涂。读过俞梁波老师的《大围涂》一书，书中，一代萧山人奋战江潮的场景依然历历在目，诚然，那属于一个时代的精神烙印，也是一代萧山人的骄傲，没有前人的围垦，就没有今天的繁华街市。这片土地上，昔有大围垦，现在，文化领域也需要围垦精神。航坞山，以前是漂泊于茫茫大海上人们的航标，今天，它依然是一座灯塔，一座精神的灯塔。当内心迷茫的时候，就抬头望一望航坞山；当心灵困顿的时候，就到山上走一走吧。

闲行漫记航坞山

缪　丹

　　庚子开岁以来，疫情导致人们的活动按下了暂停键，都"静坐"在家。在这之前，我一直以为"静坐"是文人墨客最向往的，苏东坡有诗云："无事此静坐，一日似两日。"王维有诗曰："行到水穷处，坐看云起时。"古代文人认为，人生乐事，静坐第一，观书第二，看山水花木第三。

　　久不出门，萧山区作协举办采风活动，我像小鸟出笼一样，渴望行走在瓜沥的山水间，感受那一份烟火人生。因此我想说：看山水花木第一，观书第二，静坐品佳茗第三。此乃人生三乐也。

　　说起瓜沥，就让人想到周朝名山航坞山，宋代古刹白龙寺，以及还有那个浙江首富村航民村。而我们这次采风的行程中就有航坞山、白龙寺。

　　航民村我去过两次，两次都是去看田园广场的油菜花，第一次是特地去的，十余个文友相约，那时正是油菜花开得最旺的时候。怒放的油菜花，在阳光下如金箔般闪烁，整个田园广场热热闹闹的，随手一拍，就是一张大片，爱美的文友们各种摆拍和抓拍，有围着红色丝巾在油菜花中的，有用丝巾在空中划过一道优美的弧线的，万黄丛中一点红，甚是好看，有撑开双臂拥抱大自然，感受自然魅力的，也有把小花伞抛向空中的……各种美，大家都戏称油菜花地的风景是自带美颜的。

因为时间比较宽裕，因此和文友们一起沿着穿村而过的方迁溇走了一圈。方迁溇是条小河，河水清清，杨柳依依。河的两岸，是村民的生活区，那一排排白墙黛瓦的居民楼，有着江南民居的传统风格；而在航民南桥边上，那些红瓦翘檐的别墅，演绎着传统中式经典，又不失时尚元素，亦如航民村，城市文化和田野风格完美融合，村民们过着像城里人那样方便、舒适的生活，又有着乡村情怀。

说起航坞山，自然而然地想起航坞山脚下的古道边山庄，第一次听此名字时，就让人联想到李叔同填词的《送别》："长亭外，古道边，芳草碧连天……"当时我就想，能取这样有诗意的山庄名字的人，也一定不是凡夫俗子。果然，是一个叫"航坞樵夫"的诗友所取。航坞樵夫，至情至性，虚怀若谷，博览群书，工作之余，写得一手古典诗词。好客的航坞樵夫，每年总会邀诗朋文友在古道边山庄小聚，像极了《红楼梦》中的诗社，在你一首我一和之间，写下了不少诗篇。

那天去航坞山上的白龙寺，沿着山径拾级而上，是一段并不曲折的游步道，二十多人的队伍步行在山上，显得浩浩荡荡。虽是六月天，但阳光并不热烈，微风摇动树叶，在日光照耀下，树影落在路上，十分宜人。在满眼绿树浓荫的游步道上，风也似乎染了绿意，前面恰巧有一女子，长裙白衣红伞，画面顿时灵动了起来。

说笑间一抬头，不觉来到航坞山巅的白龙寺。白龙寺始建于北宋熙宁年间(1068—1077)，距今已有900多年历史。传说龙光法师云游航坞山，见岭上有白龙呈现,遂结茅其上,募创寺宇,供奉观音大士以及白龙圣像,故名"白龙寺"。

白龙寺坐西朝东, 山门朝太阳升起的方向开, 山门上有两块匾额, 分别书有"白龙禅寺""航坞听梵"等字, 左右对联为"自在自观观自在, 如来如见见如来"。 进寺后, 在观音殿前面, 见到两棵很有年头的古樟树, 听人介绍, 这两棵古樟树曾被大火烧死过, 枯木逢春, 古樟树能重生, 真是个奇迹。一棵树的一生一世, 看似不动声色, 其实也是千回百转的一辈子。据说这两棵古樟树还有个传奇故事呢。

白龙寺的"大雄宝殿""观音殿"之类都和别的寺庙相似,但在"天王殿"两边设有偏殿, 东厢偏殿供奉着财神菩萨和文昌菩萨, 西厢偏殿供奉罗汉, 名为"百子堂"。 殿堂金碧辉煌, 殿门雕花窗格, 富丽华贵。很多读书人家高考时会去白龙寺祈求文昌菩萨保佑考试顺利, 金榜题名, 日后荣华富贵。这两偏殿是与其他佛教寺庙不同的地方, 白龙寺是融合了佛教信仰和民间信仰的一个寺庙,这个不同之处,其实也反映出当地的祖先, 敢为人先, 思想前卫, 勇立潮头。

有道是山不在高有仙则灵, 岭上白龙呈现, 枯木逢春, 一切的一切, 给航坞山增添了神奇感。

大家在各自感慨一番后出了白龙寺, 站在山上往下看, 薄薄的雾气中, 万物含烟, 柔风, 丽景, 生活美好。

感恩大自然的美好, 航坞听梵, 洗涤了心灵的尘埃, 祛除了灵魂的浑浊之气, 也清空了疫情之后那压抑的负面情绪。

地藏寺

施淑瑛

　　地藏寺，位于航坞山西面坎山凤升村，坐落在三面环山环境清幽的一个山坳里。它北倚洛思峰，左傍鸡笼山、百丈岩，右靠航坞主峰，远远望去，像是一位睿智的老者，安静慈祥地端坐在那里，俯察众生。

　　春天的一个周末，我随登高望远户外队，走洛思峰古道，来到了地藏寺。春天总是迷人的，路边迎春花已开满枝头，漫山野花也睁开了眼，一朵、两朵，一丛、两丛……连成一片。微风吹来，夹着泥土的芬芳，散发出浓浓的春的气息。

　　走进青石铺地的寺院，只闻经声起伏，檀香扑鼻。映入眼帘的便是郁郁葱葱、枝叶繁茂的参天古樟树。顿时勾起我的记忆，读初中放暑假的时候，我们会约上几个同学结伴前往地藏寺，那时寺庙因年久失修破旧不堪，唯一记住的是有两棵很大的樟树，要四个人手拉手才能围成一圈。我们最喜欢在樟树下乘凉，听着风吹动树叶的沙沙声，谈谈理想，谈谈人生，然后围着樟树做做游戏。如今樟树依然绿荫如盖，它们见证了寺庙历史的风云变幻，像一名威武挺拔的卫士，守护着寺庙。两棵樟树现已被列为萧山的"古树名木"。往里走，就能看到两口井

泉，一口"云泉"，一口"洛思泉"。洛思泉位于洛思峰下，清澈见底，一年四季永不干涸。寺院前后三进，气魄恢宏，流光溢彩，古色古香，充满灵气。前进天王殿，二进大雄宝殿，三进地藏殿、三圣殿，地藏殿为主殿，供奉地藏菩萨等佛像。我走进殿内，朝各尊佛像一一叩拜，祈求平平安安。此时，香客络绎不绝，他们双手合十，祈愿求佛，十分虔诚。各个殿前的香炉，烟雾缭绕。寺院两边齐堂、客房相拥，绿树成荫，安静幽雅，如入世外桃源。放眼四望，古木参天，苍翠欲滴，碧绿长青，使人神清气爽。

洛思峰还有一个久远的故事。志书记载，东汉骠骑将军、钱塘侯、大司农朱儁英勇善战，是出了名的武将，死后葬于此。因朱儁为洛阳人，朱儁死后其随行人员留在越地，见此峰常引发思乡之情，故名洛思峰。洛思峰山岭上还有为纪念孙中山先生逝世3周年而建的中山林纪念碑，是杭州市文物保护单位。附近百姓也称洛思峰为亭子山。

据历史记载，宋代时期，佛教高僧无能大师觅居地藏寺，并结草为庵，苦修三年。其时，又适逢十方丛林高僧大德云游四海，继认宝地。

两位高僧同修数载，遂于宋熙宁六年（1073）始建。明朝初期，九华山天台寺圆通大和尚闻讯，远涉千里，便携经带徒，再建茅庵。乾隆五年七月三十日，有天台方光寺法本、法忠两位高僧寻觅到此，见茅庵清静而定居修持，当年改为地藏寺。每逢七月，宁波绍兴以及省外的香客都会慕名而来，香火旺盛。1956年遭台风袭击，数十间殿堂全部倾倒，僧人尽走，唯有当家显梅法师苦守到1985年圆寂。这期间，地藏寺虽遭遇过几次风火劫难，但地藏菩萨的圣位在香客们心中植根很深远，信徒们虔诚膜拜，纷纷出资相助，屡建屡扩。1986年，有本一法师从杭州上天竺来地藏寺，重开道场。经过多年的建设，今日之地藏寺的建筑，基本已经恢复当初的模样。

坎山"七夕祭星"这一传统民俗节日最初就在地藏寺举行，规模壮观。七月初七传说是"牛郎织女"相会的日子，每年农历七月初六夜晚，皓月当空，不约而同从四面八方赶来的妇女香客汇聚在寺院，宿山念佛。少女们在祖母或者母亲的指引下，彻夜祈求地藏王菩萨上天奏告，求玉皇大帝开恩，让这对有情人能团圆幸福，永不分离。同时她们也乞求自己长大成人后，能得到仙女相助，被赋灵性。这美丽的传说与深厚的佛教文化，让人们有了寄托美好愿望的场所。这特有的坎山民俗风情节日已被列为省级民间传统节日，成为非物质文化遗产。

古刹地藏寺，是杭州一个开放寺庙，钱塘佛国重地，继九华山之后的全国第二个地藏菩萨道场。

如果你有机会来杭州，请一定到坎山来看看，这方山灵水俊的佛光之地。

感受——那份行走中的心情

王赟

年初就开始的紧张忙碌、少有休息天、更谈不上出门走走的日子，飞快地流逝着，步入 6 月的一天，忽然有了新年以来首次出行的机会。这天早晨，我怀着满心的期待，跟随同伴们前往瓜沥白龙禅寺。大巴车载我们来到航坞山，放眼车窗外，大片大片的绿意弥漫开来，浓郁清新的感觉扑面而至；再前行，远处错落有致的乡村小屋渐入眼帘，阡陌交错，清明河溪……置身于此情此景，忽然感觉到了轻松和欣喜。

大巴车停在了山顶附近，几分钟集合统一之后，我们开始徒步前往白龙禅寺。路上同伴们有的保持距离摘了口罩，有的轻轻将口罩上面部分与鼻子拉开一点距离，大家或三两位，或一小队，谈起了新冠疫情，谈到了用工就业，谈及各种见闻，包括困难、努力、积极、应对等各种话题，通过交谈不时表达着思想，我这样不太声响的人，静静地听着，轻轻地跟着，感受着大家的积极、关注和正能量，深深地被温暖包裹着。

很快，我们来到白龙禅寺门口，早已等候的主持迎上我们，引领着大家，开始如数家珍般娓娓道来。白龙禅寺简称白龙寺，坐落在

瓜沥镇航坞山巅，海拔 300 多米。其始建于北宋熙宁年间（1068—
1077），历经修葺，现成为杭州市文物保护单位。寺院前三殿主体为
明、清年代建筑，因修复得当，保护完好，而且还扩建了西厢房和斋堂，
寺院总面积占地 26000 多平方米。我们一一参观了天王殿、观音殿、
大雄宝殿，感受着其中的庄严肃穆。大雄宝殿是萧山寺院中少有的明
代遗存，为更好地保护此明代建筑，2005 年至 2006 年，在上级政府
的大力支持下，经过多方出资和援助，新建了高大绚丽的（第四殿）
新大雄宝殿，整座大殿依然传承明代建筑风格。老大雄宝殿西侧外墙
有刻于清光绪年间的"寺产碑""拾产碑"，颇具历史古风，各殿悬
挂有清代书法家题写的"海藏龙宫""道重珠林""弋滴杨枝"等匾额。
大殿前廊柱镌联三副，其中有楹联"华雨注龙湫只在此山便成香海，
昙云来鹫岭试看兹坞即是慈航"，其被录入在 G20 杭州峰会期间赠送
与会外宾的纪念册中，蕴含着深远的意义。白龙禅寺已然成为萧山十
景之一"航坞听梵"的出处。其间，主持提到，中考将来临，届时会
有考生家长来寺院为孩子求菩萨保佑，虔诚祝愿孩子临场能够充分发

挥，考出好成绩，考上好学校。切切实实体现着父母长辈对孩子的美好祝福。

聆听着主持细细介绍和解说，思绪仿佛也随之穿越和起伏，崇拜于祖国历史文化的博大精深，折服于前辈文人巧匠的刻苦勤劳，认同当代政府和民众对文物的重视和保护，感受着中华文化的熏陶和文明智慧的传承，启迪着当代人们从中学习优秀品质和发扬积极精神，由衷地感到自己是多么幸福，因为生长在这样伟大的国度，内心满满的自豪。

再回最前殿，举首仰望两棵葱翠的香樟，心里倍感亲切，仿佛将士一般，它们默默守护着寺院，染上岁月悠凉。谢过热情敬业的主持，我们一路欢声笑语返回，坐上大巴，去杭州钱江电气集团股份有限公司参观。下了车，工作人员热情迎接并介绍公司情况。公司创立于1976年5月，是浙江省大变压器生产企业及国内变压器行业隐形冠军，产品远销到70多个国家，其中"一带一路"沿线国家有30个，并成为美国GE和法国施耐德战略供应商。公司产品应用于2008年奥运会、2010年上海世界博览会、2016年G20杭州峰会等重大工程。2019年，集团实现主营业务收入16.3亿元，实现利润1.2亿元，纳税8047万元。公司成立44年来，一直专注于变压器的设计与制造，年产量近4万台。"钱潮"牌商标获"中国驰名商标"称号。公司先后荣获"中国机械工业质量管理奖""浙江省质量管理奖""杭州市人民政府质量奖"和"萧山区政府质量奖"等荣誉。疫情当前，各级党委政府着力防控，经区防疫指挥部2月13日批准，公司全力以赴进行复工复产确保平稳过渡，4月份订单更是创历史新高。工作人员进一步带领我们参观各年代变压器生产设备，经过除尘间，亲临车间现场。车间内工作人员各就各位，生产管理有序，我们看到有好些变压器成品上有出口国外的标记。中国产品畅销国外，作为一名中国人，自然感到无上的荣耀和自豪。

归途中，我仍然和邻座同伴意犹未尽谈论着行走在白龙寺和钱江电气集团时的所见所闻，津津乐道着彼此的体会和感受，欢喜溢满心间。从白龙禅寺到钱江电气集团的行程中，我沉醉于这份难得的轻快、荣耀、温暖、安全和凝聚力，它们润物细无声地浇灌着心田。萧然大地翻天覆地的万象更新，祖国蒸蒸日上发展不断走向世界。我深感自豪，更觉得肩上的责任，也让这份担当伴着自己的人生，一路积极向前。

重拾心境

萧　薇

　　拾级而上，白龙禅寺两旁葱翠的绿是虔诚的信徒，将我从尘世的撕扯中拖离，身体的沉重丝毫阻挡不了游走的灵魂。年少时总是疑惑，为什么寺庙都建在道路崎岖的山上。虔诚的信徒多数上了年纪，却也能乐此不疲？直到自己的年岁也慢慢攀爬，才发现与世俗的超脱需要一段距离，或近，或远，或高，或低。每一次徒步攀登，都是一场灵魂的洗涤，将种种按捺不住的过往，丢弃在尘世的喧嚣里，与绵长的噌吰之音来一场灵魂的对白。

　　对白！是我与寺庙最简单的初识。

　　小时候常跟着奶奶去拜佛，那时候不懂事，无论去什么地方，都带着玩的心性。寺庙开光，是童年时光里极好玩的事，人声鼎沸，香火旺盛，各种小摊小贩摆满沿途两侧，奶奶只会用极不宽裕的钱买黄纸、香烛，小摊上诱人的东西都入不了她的眼，我也只能跟着饱个眼福罢了。点起一把手臂粗壮的香，奶奶会分我三支，让我和她一起跪拜。她闭上双眼，默默祈祷，家里大大小小的事，都在佛像面前一一述说，仿佛漏说了一桩便会失了虔诚。而我，毕竟未曾历经生活的沧桑，举着香只顾着东张西望。

年少不知曲中意，听懂已是曲中人。出走半生，历经生活的磨砺，才明白现实有太多的无奈，每一次叹息都伴随着内心的无助，像即将窒息的孩子，在心灵深处不断挣扎，渴望有一个出口，将它释放。

出口！是我于寺庙最迫切的理解。

是非对错并非生来成型，谁都有过年少轻狂，或顺境或逆境。人生的每一次选择，无非就是拿不起与放不下，心中的挣扎无外乎贪、嗔、痴。痛苦的人，一半是对过往的念念不忘，一半则是对未来喋喋不休。久在繁杂的尘世，难免扰了心境。只有经历过悲欢和得失的人才会明白生命的重量。寺庙于我，是一个远离凡尘的出口，每一次聆听梵音，心如行云，宁静淡泊。面对高高在上的佛像，虽心生敬畏，却不曾祈祷。生命的曲曲折折里，总会有颠沛流离。多想长跪佛前，絮絮叨叨间，了却一世尘缘。然而，那尊塑像真的可以解开我数不清理还乱的愁绪？

于是，常带一份入世之心，来寻一场出世安宁。

然而，所有的出发，从来都不是为了前行，只为寻找内心的驻足。生命的轮回都有它的周期，冥冥中总会有一种相遇，来解释你之前所有的疑惑。当站在海拔近 300 米的白龙禅寺碑文前，历经千年的那场遇见，仿佛豁然开朗。那个布衫褴褛的龙光法师云游此地，从此心便有了归宿。抛开物欲横流的尘世，心之所向，素履以往，那应该就是人生最高的境界。所有的苦痛，只不过是贪恋背后的反噬，不生不灭，不垢不净，不增不减。

虽然不曾祈祷，却依然坚信生命的轮回。世间的事并无对错，只是一缕执念，或前世，或今生。没有无缘无故的相遇，也不会无缘无故离别。白龙禅寺里的两棵香樟树，便是在香火缭绕里，相守着那份执念。

或许正是那一场大火，让相看两厌的爱情，重新有了定义，有了重生后天长地久的陪伴。合久必分之，分久必合之。你所抱怨的生死离别，才是通往极乐的必经之路。没有失去过的人，从来也不曾得到。

跨过高高的门槛，与尘世隔断，万千惆怅，顷刻放下。佛前扬起的尘埃，渺小如我，无处存放的肉体，可有可无。生命，在尘起尘落间，轻轻地来，亦终将轻轻地去。祈祷并非真的祈求得到，而是在佛前可以卸下厚重的伪装，将失去看得通透，明白拥有才是真正的枷锁。

戴着那个拥有的枷锁，才会让蹒跚的步履重新有了向前的力量。是的！我们应该为拥有而喜悦，那才是这一生颠簸的意义；为失去而庆幸，因为舍弃了包袱才可以轻装前行。

穿过大雄宝殿，最后才是白龙禅寺的佛堂，那里有今生来世的信差，门前供奉着各式供品。所有今生的执念，或顺境，或逆境，都能在最后一站里得以了结。

航坞山

周无江

一

南有跨湖桥，北有钱江潮，那么东呢？与滔滔钱江潮遥遥相对的是绵绵航坞山。

航坞山见证了钱塘江数千年的历史，见证了跨湖桥悠久的文明，它是南方人一种豪迈的释放。

航坞山给一马平川的东片土地带来了另一番景致。它犹如骏马奔腾在无际的草原上，又犹如孺子牛俯首偎依在萧绍大地，为两地人民的生活遮风挡雨。

我曾多次爬上航坞山，山不是很高，全程也就大半个小时。从山脚到山顶白龙寺，石阶铺路，平整光滑。走在路上不时会碰到上山烧香的老太太，她们不用搀扶，仅靠一支拐杖在四平八稳的石阶上一步一步上行，爬得轻松，爬得稳当。

当地政府在绿树如荫、溪水环绕的航坞山下建造了航坞公园。娇小柔嫩的公园偎依在雄健挺拔的航坞山下，上下呼应，形成一体。从它经久历世的人文沉淀和幽雅精致的自然资源而言，它的存在不仅仅是一座山园，它的深处更多的是雨雪霏霏的萧绍情结，是铁骨铮铮的吴越风格。

我很庆幸生活在瓜沥，因为有这样一方乐土。心情舒畅时，一口气爬上航坞山，站在白龙寺前，遥望萧绍大地，心底豪情油然而生，大有一副雄冠天下之势。心情郁闷时，走进航坞公园，清澈见底的溪水潺潺流淌，湖中碧水荡漾，时不时冒出几尾小鱼溅起浪花漾出一圈圈涟漪四处扩散，眨眼间又恢复了平静。鹅卵石铺就的小路在小溪边忽宽忽窄，逶迤而去。路的另一边翠竹与绿树便成了主人，它们占据着大半的天地毫不脸红，依然我行我素一绿到底。

相比之下，倒是那些亭台楼榭低调得多，它们退缩在绿荫下，丝毫不敢张扬世人厌恶的钢筋水泥，有趣的是几只小鸟为它们的埋没鸣不平，站在檐角上喳喳叫个不停。若是此时肚子饿了，也别担心，一旁叫上一壶酒、两个菜，口福、眼福、耳福三不误。

游航坞山，就像嚼番薯片，细嚼慢咽，方能品尝出其中的甘甜。

二

来到萧山很多年了，前段时间回临安开同学会，中学的语文老师问我对萧山感触最深的是什么，我说对萧山的山印象最深刻。我的老师有些愕然，萧山的工业经济近年来突飞猛进走在了全国前列，应该说萧山的发展是每个萧山人或每个在萧山工作的人所引以为豪的。对老师的愕然我是能理解的，因为他不了解萧山的山。

我对萧山的山的感触源于来萧的第一天，在高速公路瓜沥出口处一拐弯，展现在面前的就是触目惊心如刀削般耸立着的"半片山"。我呆呆望着，怎么也想不明白这么一座巍峨的大山如何被砍去了一半，是盘古再世，还是愚公显灵。

事实上，盘古也不会再世，愚公更不会显灵，是萧山成千上万的劳动人民用自己的双手一锤一锤地敲打出来的。朋友告诉我，东片地区几乎所有的山都是这样的"相貌"，附近所有的道路、高速公路、国际机场等大型工程都是这些山石铺垫而成的。

我不得不以敬佩的目光再次瞩仰高大伟岸的"半片山"，虽然失去一半，可所失去的那一半造福了人民。虽然没有愚公所移的太行山那样扬名天下，却有千千万万受益的百姓在默默地为他祝福。

我带着默默的祝福借着月圆夜色与友人爬上了"半片山"，朋友开玩笑说，你们临安的山清秀美丽，怎么喜欢我们萧山的石头山。我笑着无语。站在高高的山顶上，望着山脚星光闪烁的高速公路、流光溢彩的国际机场以及温馨和谐的万家灯火，心中不由得发出感慨，仿佛自己就是山的一部分，迎着惬意的山风与灿烂的灯火融为一体。不远处，一阵轰鸣声响起，两架飞机同时起飞了。

洒一片光明在人间

金阿根

　　北塘河从西边潺潺流来，两岸清风习习杨柳依依。夕阳西下，暮色已经笼罩在天地间。我站在梅仙桥头，看远处的村落已是万家灯火，近处的路灯闪闪烁烁，天地间一片光明。

　　总有一首歌静静地流淌在心底，那是用心灵演绎的生命主旋律。这旋律，有艰辛的岁月音符，有成功的欢乐曲调。于是，我想起早年钱江电气集团征集企业歌词，我也写了几句："钱塘江边，升起一颗新星，重笔浓彩，描绘锦绣前程。啊，春满大地，情系万家，祖国山水更加秀丽。钱江电气，输送一片真情，金线银线，编织五彩缤纷。啊，迎来朝阳，送走晚霞，人间生活更加光明。"

　　当发电机组发出电流时，没有变压器，就没有你需要的电压，那就无法使用电力。学过物理的人一定知道有个"欧姆定律"，它就是"指同一电路中，通过某段导体的电流，跟这段导体两端的电压成正比，跟这段导体的电阻成反比"。该定律是德国物理学家乔治·西蒙·欧姆于1826年发表的《金属导电定律的测定》这一论文中提出的，故称"欧姆定律"。说这个定律，无非是证实变压器在电力中的特定重要位置。而通过变压，才能达到人们所需要的电压。

光明使者

44 年的时光,总有一种历史很近的感觉,但在人生的旅程中,假如你是 20 岁参加工作,那已经是该退休了。可对于钱江电气集团而言,正值壮年,如日中天。

说到光明,人们喜欢说电力工人是"光明使者"。不错,发电人、供电人,都是光明使者,而制造变压器的人,更是"光明使者"。

这不是巧合,因为当初是光明公社,就办起了光明变压器厂。时光荏苒,社会进步,经济发展,光明公社早已没有了,光明变压器厂也更名为杭州钱江电气集团,这正是"光明使者"的真实写照呀。走过的路,虽然坎坷,但经过科学发展,注重人才,开发新品,强化管理,44 个春秋,铸就了一条光明大道。

1976 年创建萧山县光明变压器厂,1987 年更名为杭州钱江变压器厂,1995 年组建杭州钱江电器集团,1998 年改制为杭州钱江电气集团股份有限公司。

先后在衢州、宁波等地投资建立分公司，后跨省跨国发展。2005年与南昌电力局合资成立江西亿晟电气有限责任公司，2008年建立北京潞电钱江变压器有限公司，2009年与日本日立制作所合资成立日立钱电（杭州）变压器有限公司。

目前主要生产500kV级及以下油浸式电力变压器、干式变压器、移动式变电站，研发、制造和销售变压器材料，积极在电力物联网、电力安装及其运行、维护服务，智慧电力服务以及电产业投资等领域布局。

产品畅销全国各省、市、区，应用于北京奥运会、上海世博会和G20杭州峰会等重大工程。与西门子、通用电气、施耐德等世界500强企业建立战略合作关系，产品出口72个国家和地区。

企业已属国内领先、省内最大的变压器生产单位，是中国电器工业协会变压器分会副理事长单位、浙江省输配电设备行业协会会长单位、浙江省机械工业联合会理事单位，连续6年获得全国变压器行业十强称号。"钱潮"商标获"中国驰名商标"称号。企业还先后获得"中国机械工业质量管理奖"，省、市、区质量管理奖。

不辱使命

无工不富，无商不活，无农不稳，这是中央领导根据当时实际情况总结的经验。

要改变"面朝黄土背朝天"的境遇和"工分一直头，干了一年没花头"的状况，乡村也要办企业，那时不分公社大队，统称"社办企业"。

春天，无边的麦田，牵动着东风，翻滚着绿浪。1973 年 3 月，项忠孝从部队退伍，这年下半年，经公社党委研究决定，他被安排在光明公社农机厂当机修工。

1976 年，萧山县光明变压器厂筹备组成立，周成爱为筹备组长，周桂林、项忠孝为副组长。企业正式挂牌后，一群泥腿子，就开始全身心投入变压器的生产上。人生一世，草木一秋，这是一副沉重的担子呀。

毛主席说："世上无难事，只要肯登攀。"担任生产技术副厂长的项忠孝，这个在部队锻炼了五年的退伍军人，有一股坚韧不拔的精神。对于制造变压器，就说他是个外行吧，但他有军人的风骨，沙地人的头脑，极强的好学态度和吸收能力。看他的模样，清秀、精干、个子不高，眼睛滴溜溜转，一看就知道是个聪明人，"偷拳头"是聪明人的一种手段。别看他脸上整天笑嘻嘻的，说话慢条斯理的，脑筋却十分活络。都说萧山人有"四千"精神，对于项忠孝，也许有五千、六千精神。为了这个厂，走破了多少鞋子，磨破了多少嘴皮。白手起家，在电力系统朋友的帮助下，自制剪板机、烘干机，到杭发厂淬火，到五金厂参观，东奔西走，他们用摘棉花、剥络麻的双手，硬是生产出第一台 64 型电力变压器。后来在宁波变压器厂的大力支持下，转为生产 S7 型变压器。1976 年一年生产几十台变压器，产值 7 万多元，到 20 世纪 80 年代产值达到 40 多万元。

1984 年，项忠孝担任"一把手"，企业有了很大起色，产值从当年的 45 万元跃升到次年的 130 多万元。变压器也从低档转到高档。

有志者，事竟成，破釜沉舟，百二秦关终属楚；苦心人，天不负，卧薪尝胆，三千越甲可吞吴。1986 年，S7 型变压器通过省市鉴定，可以向全国销售，拓宽市场销路，企业有了质的飞跃。

到 2019 年底，公司总资产达 16 亿元，吸收就业人员 1291 名，全年生产变压器 4 万台，产值达 187215 万元，实现利润 12935 万元。自 2007 年以来累计上缴税收 10.35 亿元。

由于重视研发和开拓市场，公司在行业中的影响越来越大。公司系变压器国家标准起草单位之一，现有 3 家国家级重点高新技术企业、博士后工作站和省级研究院，江西公司有院士工作站。有全行业最先进的配电变压器抗短路能力技术与工艺，其中全自动保护单相柱上变压器荣获中国电力科技进步奖和国家电网科技进步奖。

2018 年，位于机场路南侧的钱江电气工业园区内，集管理、科研、生产、经营于一体的钱江电气大厦投入使用。

当我们行进在宽敞明亮的生产车间，望着一台台整装待发的大型变压器，不由得感叹万分，真的"士别三日，当刮目相看"呵！

当年的小厂，如今已成为钱塘江畔一颗璀璨的明珠。时光荏苒，在人生的旅途中，各自以不同的姿态摇曳在时光里。项忠孝，怀一颗永远的军魂，踏着坚实的步伐，迎接更夺目的光明。

不忘初心

冬去春来，寒来暑往，翻过了一页页日历，逝去的是流过的岁月，刻在项忠孝心头的是那些难忘的人和事。

都说他这个人讲义气，懂感恩。凡是当初创业时帮过他、出过力的，他不忘旧情，心存感激。那是好几年以前的事了，当得知原来帮过忙

的沈阳变压器研究所一个老同志身体不好，项忠孝千里迢迢风尘仆仆
去看望他。临近春节，他把省内外曾经帮过他、如今已经退休的工程
技术人员请到单位里，欢聚一堂。有老同志遇到困难，他总是毫不犹
豫慷慨解囊。

不仅仅是老朋友、老同志，这个出身贫寒的农家子弟，在部队入
党的共产党员，因为企业在党的改革开放政策中得到发展，所以回报
社会成了他义不容辞的职责。在"春风行动"中，在无偿献血中，党
员干部带头，广大职工积极参与，得到上级表彰。公司成立30周年时，
不搞庆典，而是助贫困，向区慈善总会捐款100万元。从2005年起，
先后向本地教育、老龄事业和灾区人民、贫困地区捐款达12260050元。

在今年抗击新型冠状肺炎疫情中，钱江电气集团不但在第一时间
成立疫情防控领导小组，还积极组织防控物资支援一线：

2月3日，总裁项勇代表公司向萧山城投集团捐赠医用手套3000
副，护目镜1000副，75%酒精50000ml，一次性医用口罩500个。

2月6日上午，总裁办主任曹锟受总裁委托再次捐赠医用手套

5000 副。

2 月 4 日晚上，总裁项勇代表公司向萧山区政府捐赠一次性医用口罩 9500 个，医用手套 2000 副，75% 酒精 25000ml。

2 月 6 日上午，总裁办主任曹锟受总裁委托再次捐赠医用手套 1000 副。

2 月 5 日上午，总裁项勇和总裁办主任曹锟代表公司向瓜沥镇政府捐赠一次性医用口罩 10800 个及部分营养品，此前已捐赠现金 2 万元、额温枪 9 个。

2 月 5 日上午，受总裁委托，办公室主任曹锟代表公司向瓜沥梅仙村捐赠一次性医用口罩 2000 个和部分营养品。

2 月 6 日上午，受董事长委托，总裁办主任代表公司向萧山区第一人民医院捐赠医用手套 22000 副。

2 月 6 日下午，受总裁委托，办公室主任曹锟代表公司向瓜沥新港村捐赠医用手套 500 副，一次性医用口罩 500 个。

此外，在 2010 年，设立留本冠名慈善基金 1000 万元，以更好地回馈社会。

凡此种种，体现了一个企业家的责任，项忠孝，好样的！相信钱江电气集团的发展道路越来越光明！

瓜沥——职场精英与古典美人的完美结合

黄燕飞

职场精英，穿着小西装，搭配各种衬衫，配上高跟鞋，做事干练，说话直爽，我觉得瓜沥就是这样的精英；而古典美人，气质高雅，谈吐不凡，有大家闺秀的气度，也有小家碧玉的柔情，瓜沥无论是以往还是现在，都是这样一位古典美人。

我曾经在离瓜沥不远的党湾工作了六年，那时我每次回家都会路过瓜沥。瓜沥在萧山东片发展比较早，在我的记忆中，瓜沥好像最多的就是纺织企业和印染企业，她一直是一位职场中的精英，航民实业就是精英中的代表。坐在车上，航民实业醒目的广告牌装满了我们的眼睛。我曾经还做过一个美梦，要是我能在这里工作多好，离萧山近，路过的车子又多，随便一辆车都能回萧山。又想，要是先生能在这里工作多好，这里企业那么多，不要说当一个普通工人，以他的能力就是当个中层也应该不难。只要我们有一个人能留在瓜沥工作，那我们劳燕分飞的日子就不会再有了。

当然梦想总归是梦想，六年后我调回了家乡，结束了两地分居的日子，而瓜沥成为了我众多沙地记忆中的一个。

今天正式来拜访瓜沥，让我又认识了钱江电气。作为全国变压器十强之一，我真的佩服它，一家企业能够从小小的作坊，一直坚持做到全国十强，技术团队更是精益求精、孜孜不倦地研发出功率不同的变压器，这是不懈努力的结果。在参观时，我们看到很多变压器上写着它即将去的地方，而好几个地名都在国外。听工作人员介绍，这些变压器价值上千万，一台变压器就是一个大市场。钱江电气的标志是QRE，这三个字母有特殊的含义：追求国际一流的卓越品质，打造持续发展的扎实根基，保持旺盛饱满的工作热情。这三句话完全是一个职场精英的代言词，我们所看到的精英不就是这样的吗？既有外在的工作激情，又有内在的一流品质，而且都是同辈中的佼佼者。

如果说瓜沥的企业是职场精英的话，那么瓜沥的自然风光就是古典美人，最有代表的就是航坞山。

在东片，山是比较少的，而瓜沥拥有航坞山，是附近几个镇街的人爬山看景的一大去处。在沙地工作的六年中，很多次想去航坞山走走，都是因为工作原因无法如愿，所以航坞山成了我心中的一个念想，今天终于零距离与她接触了，更让我觉得她是一位古典美人，而且还是那种美貌与气质并存的古典美人。

航坞山，又名龛山、王步山，因古时钱塘江上往来船只，皆以此山为航标而得名。五代十国时期的吴越国王钱镠曾到航坞山来放步踏勘，所以航坞山又叫王步山。主峰海拔299米，东西宽3千米，南北长3千米，与钱江遥遥相对，山势颇为险峻。山不算很高，却山秀气爽。

车子在接近山顶时才停下。我们拾级而上，航坞山"蜿蜒肖其形，逶迤而东抱。"台阶两边竹径通幽，林茂花艳，漫步其中，仿佛置身

一个天然氧吧，令人心旷神怡。首次登临航坞山，印象最深的是一寺一潭一音一树。

白龙寺是航坞山的形象代言人，坐北朝南，三进神殿，香火鼎盛，游客如云。白龙寺几经沧桑，屡毁屡建，每年春节和"观音大士"生日，万人上山烧香，其香火旺盛，呈现了一派国泰民安的繁荣景象。而每到中考、高考时，当地以及附近很多家长在孩子考试当天，在寺里跪拜，说是心诚则灵。这正是"山不在高，有仙则灵，寺不在大，有佛则行"。站在观光台上远眺，群山起伏，树木葱郁，风光优美，整个瓜沥一览无余，高楼林立，绿树成荫，大片的厂房尽收眼底，即至后山望海顶看钱塘江，白帆片片，乘风前进。

寺后有一白龙潭，潭水旱涝不枯不溢。每逢久旱无雨，即使山下江河露底，井中无水，但山上"白龙井"久晴无雨而不涸，活水清冽，为寺内食用泉水，堪称一奇。元代诗人萨都剌在《航坞山》中写道：拂衣登绝顶，石磴渍苔纹。鸟道悬青壁，龙池浸白云。树深猿抱子，花暖鹿成群。更爱禅房宿，泉声彻夜闻。

226

登临航坞山时，两个大殿里在做佛事，很多人做佛事是为了保佑平安。从科学角度讲这是迷信，但在我听来这是美妙的音乐，这就是"航坞听梵"，还被列入"萧山十景"。僧人唱经的时候，众人遁空一切听经，寻求的是一份内心的宁静。梵语虽无惊世之句，却有包罗万象的人生哲理，教人旷达行善，达到忘我的境界。将心灵安定、净化，让人跃入一个宽广的心灵世界，并发现真正的自己。梵音如海，心想着一个世界的时候，这世界也越发地使人感受着幸福与安乐了。

寺庙前有两棵樟树，其中一棵曾经被一场大火给烧死了，本来决定砍了这棵树，可是当所有的准备工作到位，磨刀霍霍向树时，发现这棵树居然长出了新芽，于是人们放弃了砍掉树的想法。如果不看树的上半部分，只看下半棵，很难想象，枯木真的能逢春，而且还是勃勃生机，像是在诉说树经历了磨难，有了第二次生命。

瓜沥除了大大小小的企业和风光旖旎的航坞山，还出了很多名人，清末画家任伯年就是最有名的一位。任伯年是我国近代杰出画家，在"四任"中成就最为突出，是海上画派中的佼佼者。任伯年的绘画发轫于民间艺术，他重视继承传统，融汇诸家之长，吸收了西画的速写、设色诸法，形成自己丰富多彩、新颖生动的独特画风。先生是晚清画坛振衰起弊、继往开来的重要代表之一。他的绘画艺术，垂范后世，是中华民族艺术之瑰宝。

如果说人杰地灵铺设了瓜沥，那么蓬勃发展的企业铸就了瓜沥，而美丽的自然风光和厚重的历史积淀则是点缀了瓜沥。

"钱江电气"逸事

黄建明

今日作协瓜沥采风，主办方安排参观一家生产变压器的民营企业——钱江电气集团。许多会员在厂史室看到该集团由一家几十人的小作坊在短短几十年内发展壮大成一家年利税超 2 亿元的大型集团公司时，都觉得不可思议。

我听后，一点也不觉得奇怪。因为几年前，我在该集团访问过许多职员，了解了集团发展壮大的秘密，那就是集团老总项忠孝非常重视人才，一边引进大厂的技术员，一边把自己厂里要求上进的年轻人送到上海、杭州等地培训，提高产品质量，奠定了企业蝶变的基础。

将近 90 岁的黄致恒，原是杭州市电力局的技术员，他向我说起了几十年前的逸事。

1983 年底，经电力系统朋友推荐，我和芦小江、刘士炎、曹师亮一行四人乘 520 公交车至红山农场，步行 40 分钟左右到光明桥头一家乡镇企业——萧山县光明变压器厂去指导工作。

光明变压器厂厂长项忠孝同志、副厂长范有根同志热情接待了我们，并握着我们的手直呼："太好了，太好了，我们工厂有奔头啦！"

我们被两位厂长的情绪所感染，心头顿时暖乎乎的，一种知音的感觉油然而生，一种一定要为光明变压器厂好好工作的想法涌上心头。

一番简简单单的寒暄之后，项厂长和范厂长陪同我们参观了变压器厂。我们发现在简陋的厂房内，排列着数台容量为 30kVA/10kV 的成品变压器，我当时惊讶于光明变压器厂竟也能生产国营大厂的产品，觉得这是一个不简单的小厂。

参观生产车间之后，留给我们的深刻印象是厂领导的热情和对生产变压器的坚定决心。而他们缺少的正是变压器的生产技术，他们希望我们在技术上能切实给予帮助支持。

实话实说，当时的变压器生产车间虽然有制造变压器的基本设备，但还是属于小打小闹，一看就是社办企业毛弄弄的。经过一番激烈的思想斗争，我们一起去的几位在项厂长眼中的所谓专家（其实就是普通的技术人员，不是专家），当即决定留下来帮忙。

20 世纪 80 年代初期，虽然离党的十一届三中全会召开已经过去几年，但社会上人们的思维还处于计划经济时代，不允许国有企业工程技术人员在业余时间帮助集体和乡镇企业，不允许"抲黄鱼"（就是赚外快的意思）。我们几个人渴望有一个自我价值发挥的平台，于是趁星期日偷偷跨过钱塘江，来光明变压器厂进行技术指导。

带着几分盲目踏上了当时称为星期日工程师（技术人员）的路。至今一晃走了三十余个年头，这过程可谓苦、乐、忧、喜、怨五味并存。此后逢周六单位下班和节假日，我们会约定，乘一路摇晃的电车到"浙江第一码头"南星桥码头，再乘轮渡到西兴，挤上间隔一个小时一班的 520 公交车。520 公交车，一站站停靠，整个车程需一个半小时左右。

由于车少人多，上车时已经没有座位。公交车没有空调，冬天寒冷，夏天炎热，就那么一路熬着到红山农场。好在我们当时年轻，这些苦头还顶得住。

车到红山农场，厂领导会派人在农场车站早早地等着我们，用自行车带我们到光明变压器厂。碰到厂里生产繁忙，派不出人手时，我们也会走小路到工厂。晚上住在厂领导家里，住过项厂长家，住过范厂长家，也住过光明招待所。记忆最深的一次是，有一个周六傍晚，我和同事刘士炎一起乘 520 末班车至红山农场，白雪茫茫一片，棉絮一般的雪花，好似仙女送给人间的礼物，纷纷扬扬，漫天飞舞。我们俩撑着雨伞，踏着泥泞小道，跌跌撞撞，比平时多走了一个多小时。走到项厂长家时，衣服和鞋子都湿透了，那个冷哦，到现在都还记得。那天晚上，项厂长一直陪着我俩喝当年二角六分一斤的黄酒，菜肴特别丰盛，热气腾腾，仿佛项厂长那颗热情的心。自家地里采摘的时令蔬菜，农村里常见的老母鸡、胖头鱼头、土猪肉，这些家常小菜，透露出主人的热情。他一边热情地给我们夹菜，一边聊着家常话。晚上，项厂长把自家最好的房间让出来给我们住，把最好的棉被拿出来给我们盖。这一份深情，萧山人特有的深情，一直保留到现在。如果现在，我到钱江电气集团来逛逛，在光明大酒店吃饭，都是免费招待的，这是项总特意吩咐过的。我到现在，还不脸红地领着一份钱江电气的退休金，虽然不高，只有一千多块钱，但那是项总的浓浓心意，我从心眼里感激和铭记。

记得当年变压器厂大门前有一棵大树。520公交车站至变压器厂有一条挺差的公路和一条农田小道。走农田小道到项忠孝厂长家会近不少，路过他家门口，再到工厂也会近些，只是小路难走。为节省时间，我常会走这条小道。无论走哪条路，沿途因季节的变化，种植的农作物也在变化，黄花菜、绿麻、稻谷、油菜，在我贫乏的脑海里，一一闪过，一个纯自然的农村，挺美！

变压器厂前面的那条小河，清澈得如同山涧溪水一般，河堤常有洗衣服的妇女，两岸有不太密集的芦苇，沙沙的风中，一排绿色的波浪此起彼伏，左右摇摆，顶端一簇绿白色，好似蓝色天空中摇曳的白云，笼罩在繁华之中。河堤石磡上，有很多横着爬行的小蟹，当地人称石蟹，据说长不大，不能食用。夏季夜晚去散步，听到青蛙、蟋蟀相呼交织的鸣叫声，看飞舞的萤火虫。这种在城市生活感受不到的乐趣，每周总能在这里享受。

鉴于项总的这份热情，我对光明变压器厂的技术指导工作不敢马虎，全身心投入了工作当中。当时我的工作是变电所设备的安装与技术保护。接受工程项目，熟悉掌握工程及设计文件、资料和客户要求。现场调查，踏勘搜集资料确定工程量；制定施工方案，确定施工方针，编制施工计划；组织评审、修改；送上级审查；修改定稿；组织施工人员技术交底；报订设备、电缆、加工件、耗材等材料清册；施工器具备案、报检，现场后勤、人员就位；设备等径杠封顶板焊接，设备钢基础底座制作焊接、安装、试验、验收、投运、交竣工资料。这些过程并不复杂，我干了20多年，是相当熟悉的。

后来，风声日益趋紧，我想"打游击"的事情有可能会暴露，害怕因此砸了旱涝保收的铁饭碗，心里打起了退堂鼓。我把这一层意思委婉地表达给项总。项总表示惋惜，他极力挽留我，希望我能继续为变压器厂提供帮助。我呢，则委婉谢绝项总的好意。

有一天，我在空闲的下午，接到了一封薄薄的信。我打开信封一看，一张普通的信纸宛若蹦蹦跳跳的兔子，娇嫩而耀眼，这是项总寄给我的。信只有一页，内容也短，但盖不住项总渴望人才的热情。这封信给我空洞的生活增添了一丝清丽的舒畅，我被项总的真诚所感动，立即答应项总，继续扮演"游击队员"的角色，为光明变压器厂奉献一份力量。这封简简单单的信，我一直保存至今，成了项总爱惜人才的见证。

改革开放后，乡镇企业开始摆脱传统的"小农经济"、小打小闹的小作坊模式，逐步走上快速发展的轨道。作为当时萧山第二变压器厂的厂长，在变压器行业摸爬滚打多年，他深刻体会到，要想在激烈的市场经济浪潮中立于不败之地，不摆脱原始的生产方式、低下的生产效率、单一的生产品种、单薄的生产利润，如此"小打小闹"，难以把企业带出困境，也难以永久性解决企业的生存问题。于是，项厂长开始在技术创新上寻找门路。企业必须重视科技，必须重视科技人才，提高企业的科技水平和产品的科技含量。从1984年开始，企业对外寻求合作，对内积聚力量，围绕新产品开发，一个个科技项目先后成为萧山、杭州、浙江、国家级开发项目，从而使企业走上科技兴厂的快速发展之路。

渐渐地，石子公路变成了柏油马路，原有农田建成了成排厂房，光明这个乡下小地方，变得与杭州一样热闹了。与社会经济变革同步的萧山县光明变压器厂，也顺应改革大潮发展，由当年类似作坊的小厂，一跃成为能生产大型变压器的制造企业——杭州钱江电气集团股份有限公司。有先进的制造设备，有一定科技水平的研发设计团队，有各项完善的管理规章制度，创建了国内外具有影响力的"钱潮"变压器品牌。

我们在公司年复一年和领导及员工相处，彼此的了解、认识日趋加深，对我们工作的支持、配合，也日显理解，使我们能全身心投入工作，自觉、乐意地成为公司的一员，并没有把自己当成编外员工。周成爱书记曾讲过，只要我们这"四人帮"（当时我们有四个从杭州来的技术人员）在，企业就会兴旺发达。至今还有员工，口头称我们为"四人帮"。

我们从杭州来的"四人帮"技术团队，就像田野里极其普通的小花，在钱江电气集团这片沃土上生根、发芽、绽放，给人以淡淡的芳香！我为自己曾经为钱江电气集团初创期的发展贡献过绵薄之力而感到骄傲和自豪，也深深眷恋、怀念昔日火热的劳动生活。

吟诵·未来

跨越四百余年的那一瞥

方晓阳

　　瓜沥，在我的印象中，一直以来是位于钱塘江南岸的萧山县、萧山市、萧山区的一个乡镇，是杭甬高速公路上的一个出口。有幸在2020年的盛夏7月，参加萧山区作家协会组织的作家采风活动，第一次走进了瓜沥镇。

　　在萧山区作协、瓜沥镇政府领导的陪同下，我们一行人参观了"瓜沥七彩未来社区"和"许氏南大房"两个极具现代感与历史感的代表性建筑。

　　"让城镇生活更出彩"，这是走进"瓜沥七彩未来社区"就能看到的宣传语。那如何是更出彩的城镇生活呢？带着这个问号，我们走入了"七彩文化客厅"。

　　在工作人员的讲解中，我们了解到，"瓜沥七彩未来社区"在2019年入选了浙江省首批未来社区试点项目。瓜沥作为杭州主城区卫星城镇的典型代表，老旧小区人口多，范围广。而七彩社区，是以新加坡卫星镇社区模式为借鉴，以"浙江四大都市圈TOD卫星镇未来社区"为总体定位，形成示范，对周边老旧城区整体改造提升起到全

面辐射带动作用。

七彩未来社区总规划面积 79 万平方米, 新建建筑总面积 67 万平方米。运用新加坡新市镇社区规划手法, 总体形成"一环、三带、四心、两极、多片"的规划结构, 包括开放共享、促进社区邻里交往的标准社区单元, 功能融合、打造多变创新混合空间模式的研产居示范区, 空间联动、构建立体化的交通出行体系等。瓜沥七彩未来社区是土地混合功能链接、关爱全覆盖的社区, 并以"三化九场景"为指引走向未来。

其中, 未来交通场景: 曾经的老旧功能单一的露天公交站, 未来将建成 TOD 交通场景。一层植入文化公交场景; 二至四层为立体停车库; 同时增加文体服务设施、老年服务中心。交通换乘、生活消费、公共服务、精神文化等内容以 TOD 为纽带完美融合, 给百姓带来全新的社区体验。未来创业场景: 以"产学研居融合"的理念发展社区产业, 吸引更多年轻人来到社区, 为老旧小区注入新鲜血液。通过打造弹性共享的复合型多功能优质空间, 形成集工作、生活、娱乐、运动和学习于一体的开放空间, 营造"双创空间＋人才型公寓＋创科学院"三位一体的优创环境。未来邻里场景：正在打造"主题社区公园＋邻里开放有顶广场＋街道口袋公园＋组团共享空间"的邻里交往空间体系。用文化串联邻里场景，形成"文化客厅＋文化宴请＋文化养老＋文化运营"的社区邻里体系。社区已经开展了 e 非遗体验、读书吧、朗读会、音乐会等丰富的主题性社团活动，形成"邻里特色文化＋邻里开放共享＋邻里互助生活"的模式。

"瓜沥七彩未来社区"以企业投资、政企共建的方式，探索新城镇居民的美好生活样板；各级政府秉持"以人为本"的理念，让社区居民真正有获得感、幸福感、安全感。

从"瓜沥七彩未来社区"出发驱车十多分钟，前往下一个参观点，位于瓜沥镇党山的"许氏南大房"。我们走过里湖河上的一座青石板小桥，就能看到一排青砖黛瓦、白墙圆柱、石门槛的大宅第，是萧山绍兴一带典型的"台门屋"，这就是"南大房"。

走进台门，一切都显得很安静。抬头能看到房梁上精美的雕花、牛腿，仿佛历史在这里凝集。虽然经历过修缮，但房梁上的雕花似乎仍在诉说着当年许氏家族的兴盛故事。

我们在老屋里遇到了许家第十五代孙许绍雄老人，听这位八十高龄老人讲述"南大房"的历史。在明朝正德六年（1511），来自绍兴马鞍镇名叫许承一的农民，迁徙到了碧山（现名党山）下定居，以晒盐、种地为生，是党山许氏的始迁祖。后来在里湖北岸造起几间砖瓦房，许氏族人称之为"老台门"。传至第四代，大房名许魁，改行做起了丝绸生意，买田置屋。明万历年间，许魁在老台门南面，里河南岸造起三进四合院式大宅院，取名"尊让堂"。到了清道光十四年（1834），又在南大房屋后接起第四进，形成今天南大房四进58间的规模。因所造大房，在"老台门"南面，遂取名"南大房"。

"南大房"坐北朝南，前后四进，前进横列11间平屋，二、三进均为5开间楼房，四进为9间大楼层，东西厢房，构成一座大四合院。面宽42米，纵深70米，占地面积约3000平方米。除第一进外，其余都是两层楼房。硬山式屋顶，屋脊饰砖花瓦件。纵轴线明间均作过道，第二进有精美砖雕门楼，梁架为明代遗构，台梁式构架，宽22米，进深9.5米，前有轩，前后连置月梁，有精致木雕。第二进以北建筑与第一进及厢房间有隔墙，以门堂相通。第三进以北两侧隔墙置砖雕漏窗。南大房的围屋有两重檐，上檐为起居的楼房，下檐是出入走动的廊房。四周相通的廊房可以做到"晴不戴帽，雨不带伞，行不出户，路不湿鞋"，且廊子都有通向天井的门户。整座宅院布局对称，层次分明，构制恢宏，木雕、砖雕、石雕精致华美，可以想象明清时期党山许氏家族拥有的显赫地位。

历经四百多年的岁月洗礼，经过清朝、民国的扩建修整，"许氏南大房"才有了如今的规模，更是在许绍雄老人的"赤子之心"坚持不懈地呼吁下，"许氏南大房"才得到了妥善保护，目前南大房已修缮一新，成为浙江省级文物保护单位。

如果说我们在"瓜沥七彩未来社区"看到的是瓜沥的未来发展，那么在"许氏南大房"，我们就是见证了瓜沥的过去。跨越四百多年的历史长河，我们尽管只是惊鸿一瞥，但我们看到了瓜沥这片因为沥瓜滴蜜而得名的土地的历史、未来；这是一方底蕴深厚的土地，一方在新的历史方位实现跨越的乐土。

瓜沥，我一定还会再来！

七彩社区幸福生活

沈　荣

我对瓜沥的认知还停留在遥远的过去，其实瓜沥与我们家还有一点渊源。

20世纪90年代，我父亲在国有企业下岗后，因为是高工，又被瓜沥的一家民营企业聘为技术顾问，专门去那边的工厂指导设备的安装、调试工作。

在我记忆中最清晰的一点是，我父亲早上五点左右就要出门，晚上七八点才能回到家中，这种"两头黑"的工作时段，让那时的我觉得瓜沥无比遥远。

"乡下地方！"可能是那时的我对瓜沥最浅薄也是最直观的印象。

时隔二十年，有幸受俞梁波兄的邀请，到萧山采风，地点就定在瓜沥。

俞梁波比我长三岁，小说家，身上有一股古代任侠的劲，向来受到我们的敬重。一收到他的邀请，我自然欣然前往，同时也非常好奇，这个印象中的"乡下地方"到底长什么样。

路程比我想象的方便，从我家出发，上机场高速，一路驰行约莫四十分钟，从瓜沥口下，拐几个弯就到了目的地。

然后，我震惊了！

一座不亚于滨江星光大道的群体建筑就耸立在我面前，而四周都是高楼大厦，一个名为航民村的巨大社区就分布左右。

这个时候，我产生了一丝错觉，感觉我待的地方，名为市中心，实际为老小区的地方才是乡下地方，顿时为自己的浅薄感到一丝羞愧。怕被梁波兄笑话，我连忙百度了一下，这才知道，这片热土远比我想象的要富庶。

这座始建于北宋太平兴国（976—984）的千年小镇，近代绘画巨匠任伯年的家乡，是 2017 年"全国综合实力千强镇"第 40 位，地区生产总值早过百亿，而我眼前的建筑群正是瓜沥的小镇中心——瓜沥七彩小镇，是 TOD 模式（公共交通枢纽，高效、混合的土地利用）的试点。

如果用一个词来形容，就是"未来"！

对，未来，这里是未来的城市样板，是未来的生活状态，用一种极具冲击力的方式到了我的眼前。

接待我们的领导叫沈国强，特别巧合，他的名字和我哥的一模一样，也算是一种奇妙的缘分。

沈国强很干练，而且也很"潮"，塞着无线耳机，不太像地方上的领导，更像一个优秀的企业家。他说话很快，对未来社区的了解很清晰。

在他的带领下，我们一行人参观了这个七彩社区，然后，我又一次震惊了。

如果前面的震惊是因为瓜沥的现代化，那么这一次震惊就是这里的"先进"。

这种先进来源于布局，来源于思想，来源于科技。

整个小镇真的把生活、生产、娱乐都融为一体，在小镇里有供年轻人创业的空间，我看到很多年轻人为了梦想在奔走；有供大家生活的丰富配套，甚至我还现场观摩了一次水平不低的少儿模特大赛；还有供大家居住的成片住宅。

这种方便是我所待的地方不具备的，市中心的房子永远是居住就是居住，娱乐就是娱乐，每个点之间都有距离。而不像这里，可能下了电梯就能进入另一个状态。

而在五楼的小镇"沥未来七彩公共服务中心"，更是将"最多跑一次"的理念体现得淋漓尽致。

人工窗口从早9点到晚8点，全年无休，还有8台自助机，包括个体工商户年报、社保自助、房产自助、交通违法自助……还有4台综合自助机，可自助办理172项事宜。

在另一处，有小镇文化教育中心、小镇健身房等等，配套之丰富让我瞠目结舌。

"七彩社区的目标，是打造一个可复制、可推广、可应变的未来社区样板！"沈国强说这话的时候，眼睛中透满了光芒。

这一刻，我充分认识到我的浅薄，也特别感谢梁波兄给我这个城里的"乡下人"开阔了眼界。

七彩社区，幸福生活！

这个是最后闪过我心头的想法。

小镇放异彩

陆永敢

　　赤、橙、黄、绿、青、蓝、紫，梦幻一般的缤纷七彩。冠以小镇，又是那么博大与辽阔。吃、住、行、玩、游、购、娱、乐，都可在小镇随意挥洒随心所欲。创业人有创业的方位，闲暇者有闲暇的坐标；垂髫有垂髫的玩处，桑榆有桑榆的看点。无论你我，都能在这里取得满足与需求。这是一个地方崛起与富庶的标志，这是一个地方百姓的向往与追求，她犹如一艘巨轮，正迎着朝阳向着远方，劈波斩浪扬帆起航，朝着瓜沥人民群众期盼的美好生活的彼岸出发。

　　走进七彩小镇有过3次。然而，对其认知感观还是停留在瞎子摸象的层面，只知其一二，不知其三四，更不知其全貌。初来乍到，有些玄幻与眩晕的感觉，此是何处，现是何时？要不是数次身入其中学习揣摩，怕还不能对其一知半解。

　　小镇坐落在瓜沥新区核心地块，临近萧山国际机场。北至杭甬高速南侧，南至八柯线，西至友谊路，东至东灵北路。占地面积79.21公顷。得天独厚的地理优势，为打造梦幻明天奠定基础。这是省政府领导亲自帮助策划指导、给予高度肯定的小镇，这是全省首批未来社区建设试点单元，这是借鉴国外经验结合本土实际创新符合当地群众生活习惯的新型社区，也是瓜沥近年来"浙商回归"事业的重点项目。她集交通出行、文化教育、公共服务、智慧治理、运动健康等功能于一体，集吃、住、行、玩，游、购、娱、乐等内涵于一寓。

在小镇负责人的引领下，我们走进了集约便捷的公共交通总站，走进了丰富多彩的文化教育中心，走进了功能齐全的智慧管理枢纽，走进了便民利民的公共服务领地，走进了独具特色的食宿一条街。一处又一处，一站又一站，领略小镇内涵的多姿多彩，感受瓜沥昨天的沧海桑田，触摸航坞山下的翻天覆地。

在这里以人为本的愿景，成为现实。瓜沥原有的露天公交总站，占地面积大，浪费耕地资源，尤其是随着城市化的推进，位置偏僻，群众有怨声，纳入七彩小镇建设后，不仅解决了当地居民出行不便的难题，还使乘车群众晴日无须遮阳，雨天无须避水，出行条件改善，群众拍手称快一致好评。小镇内的公交总站，仅用 6000 平方米的公共空间，承担起 17 条公交线路、179 辆公交车、全天 1368 个班次、全年 953 万人次的繁重任务。完成这一艰巨使命，得益于科学集约、合理安排、高效利用、智能管控的收获与成果。

便利群众是一切工作的出发点和落脚点。来到公共服务中心，看到人工服务窗口正在忙碌，每天早上 9 时到晚上 8 时半，都有工作人员值守，全年无休日，群众事务随到随办，承接处理的事务包括：创业创新、社保医保、市民卡、镇级事项综合服务、城管违章等 261 项。为群众在家门口办事提供便捷。围绕"最多跑一次"的工作要求，创新设置"24 小时自助服务区""8 小时之外公共服务区"，破解居民

上班时间与办事时间冲突的矛盾，设立包括个体工商户年报机、社保自助查询机、房产自助查询机、交通违法自助交款机、综合自助办事服务机在内的自助机8台，实现自助办理事项172项。另外，还配备数组自助文件柜，方便群众随时存取办事文件。

在城镇智慧管理系统，笔者看到了展示瓜沥新城的大屏幕。瓜沥镇智慧数据、智慧治理、智慧能源、智慧交通的数据，在展示中心一览无余。全镇企业注册、用工人数、"四平台"事件流转办结、最多跑一次成果、全镇停车场余位、道路交通状况等，通过大屏幕一目了然。它是未来城市管理的总控中心，有助于破解基层社会治理难题，提高智能化管控的广度、深度与精度。在这里，让人们看到科技的力量与智能的未来。

漫步来到文化教育中心，我们稍事休息，观看了由翁仁康老师用纯方言录制的短视频《瓜沥古今谈》，有厚重昨天的古往今来，有纯朴乡民的家长里短，有悠悠时光的春夏秋冬。它告诉人们一个原理，无论社会怎样发展，留住乡愁就是留住居民的根。徜徉在总建筑面积

300 余平方米的未来社区城市书房，被这里温馨舒适明快简洁的风格所吸引。落纸烟云墨润时光，在这里，觅一方清静之地，手捧一本喜爱的书，在忙碌的工作生活之余，来一次享受，享受一种书香，享受一场静态的灵动。"小镇村晚"在这里举行，全民狂欢，节目丰富多彩。大妈们的"女神炫舞团"，阿姨们的旗袍秀，小朋友们的朗诵、架子鼓、手风琴、钢琴，越剧、莲花落和流行歌曲、拉丁舞等等，吸引人们驻足观看。小镇童年、小镇爱情、小镇艺术、小镇网红、儿童快闪等主题故事，荟萃在这里。"小城市建设成就展"、新年祈福书法、剪纸艺术交流等活动，带给人们无限的欢乐与喜悦，增添节日的浓浓气氛。

"在学习板块中，瓜沥讲习所、沥知社，是瓜沥党政学习和民间工艺、文化学习传承的重要阵地；互动功能涵盖与杭州、萧山图书馆统借统还的一体化城市书房，瓜沥英语角，侨之家，乡贤议事厅等；服务功能主要体现在瓜沥公益党建联盟、统战服务中心、数字统战、归国华侨联合会、区青年商会瓜沥分会等组织的宣传活动阵地，都设置在这里"。引导员如数家珍地向参观者讲解介绍。

伫立在七彩小镇的楼面顶层，俯瞰一路之隔的文化体育中心，虽不能彰显雄伟的一面，但其壮观的姿态，一览无遗。场馆按照可举行国际赛事的要求设计建造，内设有观众席位 4600 座，已经承办武术、羽毛球、乒乓球等多种单项比赛。2022 年，亚运会有许多项目也将在此举行。围绕高标准打造运动健康中心的目标，由西派健身运营商经管，配备顶级的健身设备、顶级体测设备、专业的健身教练，硬、软件并驾齐驱，形成自身的健康品牌。露天游泳池和露天篮球场的开放运营，为开展群众性健身活动奠定基础提供方便。

在小镇的食宿购物一条街，最吸引眼球的是"山之吟"日本料理餐厅。经友人介绍，漫步进入，处处引人入胜，耳目为之一新。掀起祥云海浪的门帘，极简的风格发挥到了极致，纯手工的丝绸布料，悬浮地面，精心设计的自然元素一览无余。天然的山石，绿油油的青苔，俊俏的南天竹，曲折的枯树藤蔓，布置得非常有文艺范。纯实木桌椅家具，各式餐具和摆件，都从日本进口。进入餐厅的客人，可以选择靠近景观的位置，也可以选择靠近寿司制作台位置，更可以去带有纱布隔断青藤席子的榻榻米上坐。有一种恍惚感，仿佛让人有些迷惑起来，这是何处？难道是在日本吗？

日本料理店，这在七彩小镇，还是第一家。主厨在日本担任料理长近 30 年，回国后一直致力于把平民食材制作成超凡美味。来这里，他为你提供欢乐的用餐体验，这里不仅可以品味到真正的日本料理，满足你味蕾各种挑剔的追求，还能够体会到真实的日本风情。诚心诚意的微笑，细致入微的关怀，各式各样的推广活动，如果你一天学习、工作、休闲后感到身心疲惫，交给"山之吟"的抚慰，一定会得到美味的食物、欢乐的氛围和暖心的关怀。

"整体风格简约大方，干净整洁，做的菜也挺地道，三文鱼厚切，芥末螺片，三文鱼头汤，特别要说他们家的清酒，我每次去都是少不了要多喝几杯，不去日本也能享受日本的美食。"一位顾客留言说。

不久前，小镇内第一家星巴克咖啡店也应运而生，成为日本料理的经营伙伴。

"要出彩，在浙沥——共奔未来"。七彩小镇建设，是瓜沥发展中的一件大事，也是瓜沥人民的一件喜事。它不仅提升了瓜沥人民的生活品质，提升了瓜沥小城镇建设的品位，而且探索出城镇化建设发展的全新模式，让人民群众有看得见、摸得着的获得感。

一花独放不是春，百花齐放春满园。瓜沥七彩小镇的成功样板——可复制、可推广、可应变的未来社区，在全省的小城镇建设试点中，必定会百花齐放，春色满园。

梦想与现实，哪个更真实？当然是现实。然后，当走进梦幻般的世界时，会让人有种扑朔迷离的感觉。在这未来的日子里，在这迷人的七彩小镇，又将孕育出多少人间奇迹，生发出多少传神故事？人们在追寻和期盼中。

亲历未来已来的瓜沥七彩社区

余观祥

瓜沥七彩未来社区已声名远扬，工作在萧山东片，早就有心想亲历一下，但为事务所缠，迟迟未动身。五月的一个周末，我有幸随区作协采风组，去瓜沥七彩未来社区采风，终于了却了一大心愿。

采风组一行有 20 余人，我们随社区专职讲解员小宣，从一楼的新型公交站开始，一层一层地参观，直到五楼的社区智慧公共服务中心——"七彩公共服务中心"，一圈参观下来，亮点多多，惊喜多多，大家似乎都意犹未尽。

由于参与采风的人颇多，行程安排紧，对采风而言，不免有点走马观花之感。无巧不成书，采风后的第二天，突然收到朋友的请柬，邀我在下下个周末，在瓜沥七彩社区翡江宴，参加他儿子的婚礼。这个邀请令我欣喜若狂，因为我想顺便细细地做一次补充式采风，更深入地去感受七彩未来社区的魅力。

那日下午 2 时，我特意早早从城区乘坐 740 路公交车出行，约 1 个小时的车程，顺利抵达了瓜沥光华路建设路口站。过光华路就到了七彩社区新型公交站，首先映入眼帘的是往返于杭州主城区的 360 路、

251

368 路，正不停地进进出出，忙忙碌碌地迎送着旅客。

一到社区，我直接向二楼的邻里共享中心走去。邻里共享中心集特色小吃、潮流服饰、儿童教育于一体。走在回廊下，看到各式小吃店，张贴着各有特色的招牌，大家各自忙碌着。此时，一阵阵小吃香味，不时扑鼻而来。再往前走，一爿爿时尚服饰店赫然入目，琳琅满目的服饰，让人目不暇接。三三两两结伴而行的美女、帅哥，有的漫步在回廊中，有的簇拥在店内，精心挑选自己心仪的服饰。当我走到儿童教育区，由于是疫情期间，这里显得有点冷清。

过了一会儿，我上三楼的文化教育中心，这里主要是教育培训和KTV。据说这个文化教育中心，平时人气比较旺，它侧重于展现瓜沥的四大文化内容。一是着力介绍瓜沥沧海桑田的历史变迁；二是清末著名画家任伯年事迹介绍；三是瓜沥籍名人名家介绍；四是萧山花边等瓜沥非物质文化遗产展陈。

在三楼，我一边走一边看，不一会儿，来到了任伯年事迹介绍墙前，看到一男孩正紧握着画笔，全神贯注地在临摹画作。我上前一看，他临摹的是一幅翠竹图，翠竹画得栩栩如生，绿意盎然。男孩告诉我，他姓黄，是瓜沥本地人，在瓜沥的一所初中读书，他平时就喜欢画中国画，周末有空时，经常来这里练习。此时此刻我心想，兴趣是最好的老师，愿小黄的画作，能传承任伯年的画风基因，期待他成为新一代出类拔萃的画家。

未来七彩社区，四楼也是文化教育中心，并兼具邻里共享中心的功能，主要设宴会厅和电影院。但这次补充采风，我更感兴趣的是位于五楼的公共服务中心，我径直去了五楼。公共服务中心，它是一个24小时服务、365天办公的社区智慧公共服务中心。据了解，目前可办事项有创业创新、社保医保、市民卡、镇级事项综合服务、城管违章等89项。

当我在公共服务中心采风时已近17：30，一位风尘仆仆的中年男子，手上提着一个包，大步流星地走向人工窗口。在窗口他跟工作人员说，这段时间他忙于上海的一个事务，疫情期间，去了上海不方便回来，有个交通违章需要抓紧处理一下。他提供相关证件后，只几分钟时间，就把事情处理好了。事情办妥后，他面上堆着笑容，自言自语道："公共服务中心真好，这个时间点，嘎快帮我这个违章事情处理好了，真是省心啊。"

公共服务中心，其实也是个智慧服务体系，有8台自助服务机，包括个体工商户年报机、社保自助查询机、房产自助查询机、交通违法自助交款机和综合自助办事服务机等，可自助办理172项事项。此外，还配备数组自助文件柜，方便市民随时存取办事文件。

采风完公共服务中心，离出席婚宴的时间还早，我按指示牌，去了位于六楼的运动健康中心。运动健康中心在南楼顶楼，它与新型公交站为同一楼。这里空间很大，我出示了绿码，说明了情况，道闸管理员同意我进入。这里拥有跑步机、力量训练器、划船机、健身车等健身器材，还有拳击场，一个区域一个区域地有序分布，健身爱好者正大汗淋漓地在器械上运动。

最夺人眼球的，要数在拳击场上，一位身材修长、面容姣好的姑娘，穿着一身运动服，戴着一副拳击手套，和一位教练模样的男性青年对练。她练上一阵，青年指导几句。有时男青年举起带有护具的左手，姑娘狠狠地击打过去。此时看她的拳，已很有一股力量了，而动作也显得很为连贯和潇洒。于是，在她开练时，我按捺不住内心的激动，掏出手机，飞快设置到拍摄模式，定格了她练拳的精彩瞬间。

6 时许，朋友儿子的结婚典礼将要开始，我从南楼的六楼乘电梯至四楼，从回廊直达翡江宴。翡江宴正门前，上下足足有 30 多级，台阶呈弧形，特具气势，中间铺设着一条红红的地毯，一直伸展到宴会厅外侧，显得格外庄重和喜庆。据说宴会厅拥有 1300 平方米，为 7 米层高无柱宴会厅，还是杭州首家 4D 全息宴会酒店。

此次婚宴，我最期待的是想感受一下，4D 全息音像高科技的运用。18：38，当主持人用字正腔圆的普通话，从话筒中传来，×× 和 ×× 结婚典礼即将开始，我一阵兴奋。不一会儿，透明薄纱屏幕徐徐下移，在投射灯光的照射下，新郎新娘的生活照、婚纱照等，呈现出立体的效果。尤其选用的梦幻森林、海底世界等生动场景，营造出了不同的立体画面，给人身临其境、如梦似幻、美轮美奂的感觉，让现场宴席人员惊叹不已。

　　约 2 个小时的婚宴后，我打算搭乘同事的车回萧山城区。走出翡江宴，一眼望去，七彩社区红黄蓝绿的各式灯火，璀璨夺目，交相辉映，广场上做健身操、跳广场舞的，大有人在。还有带着孩子、携着伴侣，逛街的接踵而至。这次我出席了一次婚宴，趁机对瓜沥七彩社区做了一次补充采风，真正领略了未来七彩社区的精彩，我想这就是瓜沥人民的福祉。

南大房，折叠的时光

半　文

在时光的纵轴上开一扇门

舞步，飞旋，如尘埃

穿越一扇门，又一扇门

光在眼前，亦在远方

时间，是一条没有尽头的纵轴

十年，百年，千年

丢失了数和码，只有门

延伸。在时间的纵轴上

人是一粒打开的尘埃

尘埃是一粒回归的人

每一滴雨，都有失重的方向

垂直，且沉重。我站立门口

凝望：你一步一步，走进时间深处

打开一扇门，又一扇门

我在每一扇门的背后，寻找

美好，繁华，光亮，飞翔

汉字如尘埃，亦如南大房脚下

一块一块，正方形的基石

无数的时间的脚步，"笃笃"之音

在头顶晃动。这时光啊

是一把最柔软最锋利最坚硬的刻刀

把一块石头，铭刻成一扇门

一丝光亮，穿过石头

像你，在我的心上

打开一扇门

愿做石上一棵草

在南大房，我愿意是一座院落

一个天井，一滴天落水

是石上那一棵草，一朵花

可以听风，在鱼鳞瓦上唱歌

可以看云，从一千年前飘过

可以看雪，一层一层，把繁华

覆盖。可以看尘埃，一遍一遍

把自己埋葬又重生

在南大房，石上有草

草上有冠，冠上有摇摇晃晃

的童年。"鸡冠本是胭脂染，

今日如何浅淡妆？"有一些问候

穿时越空。在南大房

我愿意在一块石头上枯坐

入定。直至，腚后生根

直至，头上长冠

直至，沿着一棵草的茎和根

回到童年

可以在一滴水里住多久

久未谋面，一滴水，是时间深处那一滴

是远方光亮那一滴。沿着神兽的屋脊

沿着鱼鳞瓦的脉络，沿着一条一条

时光开垦出的河流，自天上

一步一步，走入凡间

采摘一滴水，恚然有声，似岁月回音

没有一种声音，可成绝响。这个人间

有太多种的干枯，在耳膜，化茧

我需要住进一滴水的温润。在一滴水里

吃饭、行走、酣睡、打坐，如果可以

还要舞蹈，要高歌，像住进一个

KTV 的包房。一滴水，用它的温润将我包裹

好似神圣，将我的病我的痛我的苦我的丑陋

全部包裹。我没法打开自己，像打开

一滴水的温润。没法包裹自己，像包裹

一滴水的温润。关于一滴水，一千年前

已经温润。一千年后，依然温润。当我

用到温润这个词的时候，我发现，温

是温暖的温。润，是湿润的润。在南大房

檐头滴落的每一滴水，都是温润的

一如，你眼底的水

以梦为马，或向天而躺

瓦上长草，叫天草。天空的天

青草的草。我想象天空长满青草的模样

比呼伦贝尔平坦，比呼伦贝尔辽阔

可以以梦为马，扬时光之鞭

轻轻地放牧，一朵叫白云的羊群

向天，躺在南大房的院落中央

可以看到椽，看到梁，看到檐

看到瓦当，看到瓦当上的一棵天草

天草高大，苍穹辽阔。只打了一个照面

便融作一处，难解难分。把天空打开

像打开一本书，一行一行，种上天草

书就活了。如果再种几行雁阵，几句燕吟

就更像是一本电子书。天空是一块硕大的

屏幕。我用手指一划，页面就翻过

往回翻，五百年前，天空这么大

五百年后，天空还这么大。在南大房

天空显得比别处更硕大一些，更宽阔一些

也更丰满一些。在城市低矮的天空下活得久了

需要回到南大房，在院落中央，向天躺一躺

看一棵叫天草的草，如何撑起

一片辽阔的苍穹

光与影中的瓜沥（组诗）

陈于晓

南大房遇雨

抵党山老街，光阴就老去了一截
只有流水依旧，不曾改过旧时波

小黑瓦，白粉墙，圆石柱，石门槛
谁还辨得清，哪一块砖，哪一片瓦
是 400 年前的？一些盆栽
各色的花朵和碧绿的叶子
遮了一小片一小片的黑白

红灯笼仿佛还蒸发着旧年的气息
可否给她一盏，让她提着
在庭院深深中走动。许家的故事
隐隐约约。隐隐约约的烟火

此刻，已被淅淅沥沥的雨声淋湿

雨，撩开一帘，又挂了一帘

天井之上，是漏了的天空

一年又一年，只有这雨声从没断过

家家雨时，这南大房许家的风

还在往来搬运蛙声，抑或脚步声

此刻，在雨中晃动着的小伞

都是色彩明艳的

油纸的那一种，早已弄丢在了

从前的雨巷。只有南大房

还把萧绍的老风情，掩了又藏

在航坞山，听白龙禅寺

299 米，是航坞山的海拔

也是某一种禅的高度吗？到航坞

听梵，这"梵"，便是白龙禅寺

有时，经声是一些清脆的鸟鸣

更多时，经声像是草丛中

参参差差的虫啼。想到清风和明月时

我也会把经声听成潺潺的溪流
这个时候，明月也会出没在
白龙寺清冽的龙井中

寺内的几炷清香，燃着几许沧桑
沧桑就这样安静地化作灰
轻轻落了。或者往事
也被僧人，默默地掸去
寺外的草木，用一色的青绿
把往昔的光阴藏了
总觉得，在那一方郁郁葱葱之中
隐着一条从前的进寺之路

听梵，在秋日的天高云淡里
天是蓝的，钟声是蓝的
经声是蓝的，香火也是蓝的
只有云朵洁白，白龙禅寺金黄

在七彩小镇，看见生活的未来

说到七彩，就有阳光
在眼前一朵一朵地飘着

澄澈，轻盈，这些七彩的羽翼

绕着七彩小镇飞舞着，或者

它们已融化为七彩小镇的灵魂

居民生活、精神文化、社会治理

以及智慧管理，构筑起

一座小镇的高度，生活、生态、

生意、生产，赋予小镇烟火的内涵

梦幻和炫酷，是日新月异的时尚

行走小镇，仿佛就在打开

一幅幅未来生活的画卷

也许未来的生活就是这样的

但现在，我们正在酝酿和构思

创业、居住、休闲，照进现实之后

梦想已成为生活的一部分

都说在七彩小镇，可以看见

生活的未来，只是我依然想不出

二十年后七彩小镇的样子

总是意想不到，未来如此美妙

稻花香里说昭东

入昭东，随手一捞
就是一张粼粼波光的水网
鱼潜在水中，偶尔掠起几枚浪花
稻田青绿一片，转眼黄了一片

这方土地，是水做的
明晃晃的，全是镜子，人在镜中行
水鸟在淡淡的薄雾中飞
等待着啄食谷粒的麻雀
在檐下叽叽喳喳

人家依水，草木也依水
入了水中的草叫水草

若是夕阳入了水中，半塘瑟瑟
半塘红，叫氤氲的黄昏
"金鹅鸣，沈氏兴，代代出公卿"
童谣朗朗出长巷，光阴深处
迎面走来大义的"绍兴师爷"汪辉祖

灯火起。淋我一头雾水

蛙声又分明了一些

稻花香里说昭东，欸乃声里

旧时的一叶乌篷，常常

因为一条小河改变了走向

在任伯年纪念馆

远看近看，航坞山都有色

近听远听，一会儿是风声

一会儿是水声，水声和风声中

是不时响起的脚步声

在瓜沥，任伯年和任伯年纪念馆

住在一起，只有他的身影

仿佛还在他的生平中走动着

春去春来，春已栖居在他的画中

谁来，鸟都不惊

航坞山上空的白云也不惊

我可以移步入任伯年的画作吗？

去听一听，海上画派的"海"
抑扬、起伏、疏密、虚实……
都是"海"的意境。把琴棋和书
摆进一卷花鸟的辽阔中
此刻，提一只炉，替我煮一壶茶吧
在点点炉火中，感受纯青的韵味

翠竹几枝，荷叶数片
养眼，养心，养一年又一年的光阴

航坞山下（组诗）

蒋兴刚

拜谒任伯年

深陷此生以后，航坞山为你立传
而你依旧静默……

都说五月最美。伯年啊
最美的花开了
我的拜谒迟来了吗

不要躲在石头里避而不见
如果，我早生一百五十年，或
你晚生一百五十年

我们都将是尘埃

有个企业叫航民

在巨大厂碑前，我停了下来
一个叫航民的企业
迫使我仔细地抬头看一看

闪亮的厂房，一柱擎天的冷却水塔
像拱出泥土的参天大树
把板结的大地炸开一个缺口

厂区的工人们显得特别放松
开动叉车轻轻举起一件庞然大物
脸上涂满了阳光的颜色

他们和航坞山同样具有春风
吹拂的形状

航坞山下

在这裸露表情的六月
开车或行走都会看到崭新的楼房
宽阔的林道、公园

而整个瓜沥街市像一条自动分拣线

传递到每一个市井者身边

打开生活的美好图景

就像航坞山的绿皮火车轰隆隆

掀动整片土地

航坞山下，车流、人流奔涌向前

每次触动，都是憧憬

又在发生

南大房

一所大房子如何能完整地保存下来

尘埃那么轻，光线那么重

雨沙沙地落在瓦片上

我问住在里面的老人

是否需要囚禁一片内心的安宁来体现

虚无的往生

像一阵风吹拂过簇拥、繁茂的

植物园——

老人哈哈大笑

笑声雷动尘埃古老的笔法

笑声推倒多米诺骨牌——

模 仿

一只鸟在模仿一个孩子走路

孩子一转身

鸟飞得比天空还高

一棵树在模仿一片云

长得那么高

风一吹，自由的影子摔了一地

现在，我行走在瓜沥七彩小镇

多有收获！新零售的模式

像一块碑

拓在每一个人脸上

航坞山白龙寺（组诗）

许也平

航坞山白龙寺

白龙寺在航坞山东北角，坐北向南
俯视着萧然大地
向北方眺望
只见苍茫的钱塘江
水天一色，潮起云涌

在遥远的北宋，熙宁年间
一位云游的方丈，从时不时垮塌的江堤上
一路走来，抬头仰望
只见山如船坞，仿佛定海神针
便向天跪拜，席地而坐

方圆百姓，得此神迹

便在山上兴土木，建寺庙

随后，白龙寺云雾缭绕

航坞山便由此得名

与钱塘江遥相守望

白龙寺像一堵屏障

陡立在萧绍平原上

细心守护这方土地

还　愿

把呼吸还给风

大海还给水汽

群山还给石子

种子还给大地

地球还给太空

宇宙还给虚无

把我们拥有的一切

还给自然

车轮旁的花草

在党山古镇，我看见
一辆废弃的手推车
斜卧在小河边乱石丛中
锈迹斑斑的钢圈
叙说着如烟往事

一位坐在墙角的老妇人
在绿荫的庇护下
一边悠闲地哼着小调
一边摇动着古旧的折扇
仿佛打开了记忆的闸门

只有那束，车轮旁的野花
在风中毫无顾忌摇曳
顽强地展示着这个小镇的活力

南大房的故事

南大房是一座大四合院
四进房屋，三个天井
木雕砖雕，尽显智慧

党山用一湾河水
像双臂一样环绕

祖先们捉虾捕鱼，兼营农商
日子倒也逍遥
那一年，是在明朝，嘉靖年间
先祖们在夜空里
在马鞍亭山
擦亮一根火柴
在一盏油灯前
席地而坐，商议家事

从此迁移到党山河边
建造南大房而居

白龙禅寺

潘开宇

听梵音绵远

在六月

白龙禅寺

参天大树枝丫摇曳下

在从未远去的

童年记忆

和神秘篆体

源远流长的佛教文化中

当清风在山峦间吹拂

当羊齿植物的碧绿

爬满延伸的石阶

当暮鼓晨钟

和远方漂泊的白云

相逢于广袤天地

你将光阴

点染成时代风云的画卷

此刻

庙宇庄严

长廊寂静

林间暮色渐降

而山脚的瓜沥新城

灯火正辉煌

瓜沥之缘（组诗）

张　琼

星月的倾诉

一丝颤抖的余晖

映照着南大房上的芨芨草

星月抚平跌宕起伏的瞬间

琴声在老房子里久久回荡

蓦然回首 明月清丽 星光泪花

这些鳞次栉比的房子

渐渐在时光里老去

你说 岁月的灰烬中

充满了许氏家族的色彩

多少次轮回中

月光穿过画卷

任伯年故居里
光耀倾泻在眼前千回百转的净土上

古老而年轻的心
向着七彩小镇眺望
每一次留恋的目光
在心间交织起悸动
每一次深情的回眸
缠绵着悠长的生命

勾勒南大房的线条
用刻骨铭心的念想
诉说前世今生的情缘

爱之共舞

夏日的午后
在南大房的柳荫下
咀嚼着阳光的味道
不远处 一只小猫咪盯着我
凝神注视　顿见
天穹闪过一道彩虹

涌向此时此刻的七彩小镇

荡涤在这片因沥瓜滴蜜而得名的乐土上

火红的太阳 摇晃着满满的心经

像父亲挑起红萝卜的身影

在黄昏下　夕阳放大了他脊背的佝偻

在古桥下　背影曾无数次滑落

捂不住的记忆中

依稀看见你的敦厚

将世间所有的愁云驱散

情之呼唤

穿梭于人潮中终于遇见

一种深邃绵长的默契

暗示心照不宣的秘密

从北宋太平兴国三年走来

匍匐在钱塘江南岸

你在隽永的时光里定格

待时光褪尽

看黄昏降临

然后 手牵手

想与你再加上一寸幸福光阴

任清风吹进垒满石头的心间

任孤星带着满腔的忧愁

游荡在灵魂的最深处

明亮的目光里

充满了星月的强烈呼唤

无数次等待中

属于你的阳光

若隐若现地融化

心跳像一只七彩鹿

安静地奔跑

在时光的静默中

温暖了恒久的生命

雨访瓜沥（组诗）
高迪霞

南大房

瓦缝过滤好了雨
雨就落下
那是淅淅沥沥的语言
一句一句挂在南大房的檐下
成篇成章地
打湿每一个穿梭的身影

故事落在地上
水泡笃笃地炸开
总结出现代人的一声声赞叹
如白墙上浸透出的痕迹
开成一朵朵花
许氏第十六代后人

老许的怀抱里

跳跃出"4 进 58 间"

"400 多年"

"浙江面积最大"

"明清古建筑"……

每一个激动的词

都是胸膛里燃烧的炽火

喉咙翻滚历史的回声

挥向任一处的手臂

划出家族时代的光芒

饱满　亮堂

燕子喃喃

飞金的门斗下

把窝从明朝第一进的屋檐下

筑造到了清代的第四进

子子孙孙的生生不息

像雨水从天而降

露天的大水缸

沸腾着隔时空的热闹

雨停了

人声渐渐退去

草木细语

古宅越发安静

拂去门牌上的水珠

"南大房"

又经历了一场春雨的洗礼

七彩小镇

在南大房停驻过的脚步

沿着青石板路退出

走进旧事很轻

抽身 很重

雨停得恰好

七彩小镇在过去与未来的起承间绽开

一条彩虹从地上升起

攀上墙

潮湿鲜亮

好像久不见升起的炊烟

呼唤穿过田陌归来的人

我是那个穿过田陌出走

又穿过水泥归来的人

身上刮出坚硬的空白

我一直以为只有草木与泥土

才能敷上故乡的味道

直到走遍小镇

我的脚底染上色彩

身体重新被一种新生草木抚触

原来故乡的味道

已叠加了未来的气息

跳动的数据是强劲脉搏

动态线上流淌着人间烟火

智能平台张开广袤土地

栽种好的智慧社区

向美而生长

新的生态使人们

能把车开上云端

电梯使阡陌升起

每个楼层都铺开田野

图书馆的书脊上响起蛙鸣

商场中庭里花正在开放

燕子也曾飞过

春秋四季都归来

流年静好 未来可期

我在另一处丛林

望你

与你楼顶发光的麦穗交谈

念你

把关于你的诗篇写给大地

任伯年纪念馆

它是雨后航坞公园里

一枚湿润的印章

水墨画云雾未尽

它落在了航坞山山脚下

笔锋深深浅浅

掩映千年白龙寺

名山　古寺

和一位海派画家

艺语绵密

与呼起的钱塘潮对话

与今人遥应

听雨　煮雨

现代建筑都铅华尽褪

素颜婉约

纪念馆为之纪念

水墨流淌出的罗纱绸裳

藏着欢喜忧愁

一些浮华很轻

一些寄寓很重

我们的脚步很轻很慢

不打扰一根线条

也不晕开一团浓重的墨彩

我们在一幅画前驻足

像打量一座江南的小镇

寻找

它的出口与入口

当你全身心经过

便把欣赏走成情怀

把崇敬走成纪念

这一枚纪念的章

便也落在了

乡人的肩头和心上

未完（外一首）

庐边月

当灰色再次占据空白时

有光穿透云层

从河流的背影处走过

那里水草郁郁

尖尖的那头

纷纷扎向桥上的石狮

狮子无言

只是扭动着各自的身躯

聆听

无声的风

将曾经的热闹遗落在空旷的水面上

隐去的流水，偶尔的豆娘

隔岸的白墙黑瓦里

鲜少再有袅袅的

炊烟

那时的热闹

栖于一座房内

偌大的四进庭院里

吃的是柴米油盐

行的是悲欢离合

十一间门厅里流转的

人来客往

演绎着四百年的沧桑

也许它不仅仅是一座房

因为流淌而去的不仅仅是时间

还有前人们穿过前朝的砖瓦

铭刻于骨血中的印迹

当这些在寻找生长的潮汐时

它如同心脏般等待他们一次又一次

回落

待　续

如果云朵一低再低

天空便会让雨点出行

滴水穿石的典故

从此便砸在南大房的

屋檐下

大雨滂沱

在流水里寻找记忆

那些隐匿着的闪电

丝毫没有惊醒屋内

假寐的猫

猫身黑白

亦如老房的基调

唯有满室斑斓的书脊

倒成了老房一捧回春的雨水

与一棵古树对视

朱振娟

航坞之巅

白龙寺前

我与一棵古树对视

它的模样有点丑

粗黑的躯干

被人锯了一半的模样

可伸向天空的那份倔强

依然绿意盎然

有一棵老树

也曾立在西兴老街的尽头

那个叫铁岭关的地方

传说西施在这里登船

那棵被雷劈成两半的树影里

可曾有娘娘的影子

捉迷藏的我

仰望天空时看见了绿叶如星

千年的风霜穿过白龙寺

大火也曾焚烧过这里

那棵大殿阶下的古树

在一个扫地僧的梦境里复活

锯去一半的它

被系上红丝带

朝拜成传奇

传 奇

思 思

我不要深刻

不要历史

不要建筑的美

甚至不要你对我说 让我懂

我就是这样静静地和你在一起

南大房

我在 520 前遇见了你

七彩小镇

解说带我们进去的时候

小镇刚醒来

他们说"宜居、互联、低碳、创新"的时候

它朝我笑了

略微羞涩地说——
"他们喜欢加些标点、符号"
可我不想做地标

我是要飞去外太空的
带上这里所有人的呼吸和信仰

航民村

一次小我与大我的会晤
一场个人与集体的较量
在萧然大地上它并不出奇
然而只有——航民
它响当当地，举起了后者

这是一场近半个世纪的回望
这是一次农民企业家的扶桑
抱薪者往巨大的烟囱里添柴
往黄金的城池中运粮

住在航民村我从不问——
幸福是什么模样

因为我就是它的韵脚 它的曲调

它的和弦与传唱

七彩小镇：愿景可期、臻美未来

　　人生好比过客，底下熙熙攘攘，顶上却是安稳闲适，正是适了人生的四季。青年与中年人奔忙，老年知安乐，在层楼之上望尽岁月。少男少女花开未全，也是在这层楼之上另辟天地，如尘世迷宫，先在这楼里学走路。

　　外面车水马龙，一切的应用都照常理，不停歇，亦不足累。这是这一方天地，应了全部民心，既上承传统，亦远效国际，越是在减轻人力辎重之时，叫人晓得政治清明，百姓安乐，且接轨未来，愿景可期。人心中谁无住色彩，谁无住审美，当是这小镇神奇，居然也谨守着"报喜不报忧"的祖训，先是将这一地的风物人情铺陈于世，又是将其中长项尤为刊裱，如昭东剪纸、萧山花边等等；更有乡贤聚众议事，互为因果，一方水土养一方人，一方人亦是尽显水土之丰茂、丰盛与澄净。

　　现下是好，与友伴顺级而下。底处是有兔儿攀爬，活脱脱儿童乐园的居所，据称"活力街"，再走几道，从活力街绕了过去，是"风尚街"。最叫我喜乐的是"民国街"，有一种木心笔下"从前慢"的感觉，关乎历史的美便浮了上来，在这店铺林立的现代化节奏中亦是不违背。我想着还有一条"邂逅街"，在观察着同行人那不尽言表的各色姿态，"邂逅"又只在一街。露天、小歇，生命之沸沸扬扬尽在举目之间。

在七彩小镇之外，绿叶掩映，街道素然。视野之极开阔是为北沙土平原之辽阔，南星罗棋布河湖之密织。是以紧数着 TOD 卫星镇"三化九场景"模式，二期亦如破茧之蝶，指日可待。此一番小镇之行，已叫人深深感受到本土化产业之蒸蒸日上，便民生活之福利已不同往昔……

想象未来（组诗）

李沅哲

五月寻迹瓜沥

五月，递来一颗青柠味的果糖

新生的气息随竹枝蔓延，刻画在

一片一片卷翘叶子的皮肤上

一切语言都神清气爽起来

被禁的足步，如欢腾的游鱼

美人蕉在雨中热情吐蕊，在墙角

吹起红色的小喇叭

番茄藤、辣椒花，尽情畅饮

一场饱含诚意的天水

从永禄桥到清庐

相遇变得迫不及待

古宅的肌理，在水汽腾腾中
摇曳它的木楠香

雨珠拍打黑瓦，在屋檐淌成五线谱
老龟不疾不徐，趴在青砖上听雨入了定

许氏十六代的书房，草木长出思绪
一次次轮回，它也不知道那单薄的身子
藏着谁的影子
一只青白猫咪蜷成一团，和这座五百年的老宅子
一样宠辱不惊，躺在诗歌的梦境里

门

在南大房，五十八间格子
排列成记忆的迷宫
像一只只雕琢精致的木宝盒
住着回忆的光阴

旧时的月光缓缓入梦
抬手起舞的明朝小人儿，试图
用欢乐的足音，抖落门楗上的灰尘

这些房子，有的丢失了真正的主人，

成为其他人生活的延续

有的紧闭，等待远方同样翘望的归期

人生本就是不停地出走与回归，记忆也是

淡忘的溜走了，溜走的又重生

忘不掉的被锁住，在梦里来来又回回

想象未来

你将来想做什么？

很想听听女儿的回答

可是她还不会表达

我只能隐隐约约从抓阄中寻找答案

钢琴，麦克风，法槌，笔杆，调色盘，药箱……

二十几件被寄予美好期许的抓阄玩具，随机散落在

四四方方的红布上

所有人等待这份惊喜，如同等着重磅消息的宣布

$E=mc^2$，她专注地挑了一个打着问号的物理公式

期盼像一座灯塔，借一点微光，它航行的方向才会加足马力

这座城市，每隔几天就会一个变化

未来理想社区已不再遥远

未来是彩色的，更是智能的

你的梦正走向世界

谢鸿雁

一

你说一次潮水你家就成了汪洋

你说一个退潮眼前就白茫茫

草舍是你割不断的情愫

你在这里出生成长

回首遥远的童年

络麻地里萝卜永远填不饱你的肚子

长大你走向队伍迈开正步

家乡的江很远在梦里

部队培养多种人才

你有幸在这扇被打开的门里学习工作

但是你终究回到江边

那个生产变压器的社办企业首选了你

你感恩想着法子让它活得自在滋润

二

四十四年过去了
你让你的企业脱离贫困
从社企到国企你的梦想成真
你又向往更高的台阶
昨天我看见你们要运往埃塞俄比亚的机器
上面有 QRE 的字样
这是你们的名字
是你们的定位和标志

三

从 25 人的社企
到 1500 人的国企
一个量变到质变的旅程
你的接班人有更远的目标
从制造商兼顾服务商
让 QER 成世界品牌

四

江面的风从海的方向来

海的那边充满诱惑

你说你要让太平洋的水有 QRE 的影纹

前进吧，我们做着同一个梦

放飞

这一定又是你的指尖

在深夜里敲打着键盘

周密的思绪

我做夜猫伏在你的窗外

静听那样的节奏

如钢琴奏出的《出埃及记》

从我脑海里滤过

你的心思我懂

那样的轮廓前辈已为你设定

你却要放飞梦想

斑斓地飞翔

那就选择峰顶

新的转机在天空静候你的光临

你相信天是蓝的

太阳是暖的

钱塘江的水是无形的

你在心里已吹响前进的号角

你用敞开的胸膛去叩世界的大门

你说你是 QRE

你说你来自中国